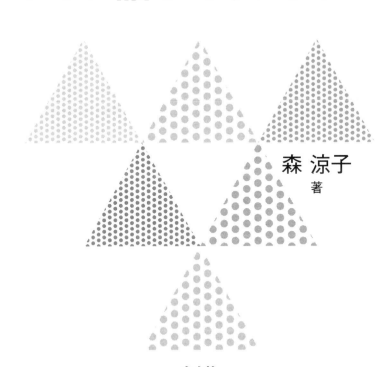

造語法で増やす
ドイツ語ボキャブラリー

森 涼子
著

白水社

装丁：森デザイン室

はじめに：ドイツ語造語のしくみ

　脳内で記憶を司っている海馬は、意味のあること、印象的なことを、記憶すべきだとみなして蓄えるのだそうです。たとえば「パン屋」という意味もある人名「ベイカー」の場合、「あの人はベイカー Baker さん」と音だけ聞いた人は忘れてしまいがちなのに対して、「あの人はパン屋」と言われたら記憶に残ると言います。「パン屋」には意味があるからです。このアメリカで行われた心理学実験は有名で、ご存じの方もいらっしゃるかもしれません。私の名前「もり」は、どこにでもある名前ですが、「森の奥深くに住んでいます」と自己紹介すれば、次回思い出してもらえる可能性は高いのではないでしょうか。「森の中は真夏でも涼しいです」と付け加えれば、ファーストネーム「涼子」も覚えていただけるかもしれません。

　人間は「意味のないこと」は覚えにくく、また忘れやすいのです。従ってドイツ語単語を「意味のあること」にする。これがボキャブラリーアップの第一歩です。ドイツ語単語の多くは、意味ある複数の小部分（小単位）で構成されています。この点においてドイツ語は英語よりもシステマティックで、系統的に理解して記憶するのに適した言語だと言えます。

　例えば名詞 Naturschönheit（自然美）は Natur（自然）と Schönheit（美）という二つの名詞が結びついてできています。英語の場合は 2 単語 natural　beauty ないし、3 単語で beauty of nature で表され、単一の

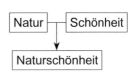

単語にはなりません。また動詞 ankommen（到着する）は、「来る」と言う意味の動詞 kommen と接近を意味する音節 an が結合してできています。「接近して来る」ので「到着」になります。英語では「来る」を意味する動詞はcome で、ドイツ語の kommen と音が似ています。しかし「到着」は arrive と、全く別の単語で表現されます。さらに形容詞 vitaminreich（ビタミン豊富な）をとってみても同様です。ビタミン（独 Vitamin‐英 vitamin）、豊富な（独 reich‐英 rich）と、構成要素はそれぞれよく似ています。しかし英語の場合には、vitamin-rich あるいは rich in vitamin と、ドイツ語のように接合して一つの単語にはなりません。

このように複数の小単位が、組立ブロックのようにくっついているのがドイツ語の造語の特徴です。これは日本人には馴染みあるものです。日本語でも「自然」と「美」が結びついて、一つの漢字熟語「自然美」になっているからです。また、動詞 kommen に音節 an が結びついて単一の単語になるのは、漢字には偏と旁があるのに似ています。「桜」などキヘンは植物、「泳」などサンズイは水に関するものと、小学校で習いました。こうしたルールで、私たちは何千もの漢字を覚えています。「鯵」という漢字を見ると、この漢字を知らなくても、なんらかの魚のことだろうと日本人は思いますし、たとえ「東京箱根間往復大学駅伝競走（箱根駅伝）」など聞いたことがないという人でも、漢字を見れば、何処でやっているのか、誰が参加しているのか想像できます。ドイツ語単語も同じ仕組みです。

　本書はドイツ語単語を構成している最小単位を体系的に示し、個々の小部分の意味と、これらがどのように組み合わさっているかを解説します。先にkommen と an が結びついて ankommen になると書きましたが、kommen には「her こちらへ」を加えることもでき、そうすると herankommen になります。こうした組合せは「チーム」という言葉で例えられるかもしれません。メンバーには其々の役割（her こちらへ、an 接近、kommen 来る）があり、ひとつのチーム「herankommen こちらへやってくる」を作り上げています。メンバーの役割とチーム構成、すなわち造語の仕組みを、習得していただけるよう練習問題を編んでみました。

　ところでこの学習法が役立つのは、記憶の定着だけではありません。単語をひくと辞書により様々に異なった日本語訳が載っていて、まごついたことはありませんか。辞書は紙面が限られているので、全ての訳語を記載することはできません。編者たちが取捨選択しています。なので、読んでいるテキストに相応しい訳語が必ずしも載っているとは限りません。構成単位から理解する習慣がつくと、単語の根本的意味が明らかになり、辞書掲載の和訳に捉われずに、文章を理解することができるようになります。

　ドイツ語を始めてしばらくたったひとは、ドイツ語単語には何らかのルールがあることに、なんとなく気づいているのだと思います。この仕組みに注目して単語を覚えようとしているひとも少なくないでしょう。本書の目的は、

多くのドイツ語学習者がすでに何気なく知っていることを、改めて整理して提示することです。本書には「そう言われれば、そうだ」という箇所が多いかと思います。私は、読者の方がうっすらと気づいていたことを呼び起し、その「何となく」を自覚的な造語法の知識へと成長させたいと考えています。今までのイメージが間違いではなかったと自信を持ってもらうとともに、今後は、この仕組みを意識的に活用してボキャブラリーアップに使えるようになってもらいたいと願っています。

2020 年春　　著　者

新しい単語のでき方

新しい単語 ── 単語の前後に音節（Silbe）がつく

　　　　　　　├─ 接頭辞（Vorsilbe）がつく：　意味が変化する

　　　　　　　└─ 接尾辞（Nachsilbe）がつく：品詞が変化する

　　　　　└─ 複数の単語が結びつく（Komposita）

目　次

I 接頭辞 Vorsilben

「接頭辞 Vorsilben」は、前（vor）についている音節（Silbe）のことです。この音節が前につくことによって、基本語の意味が変化し、新たな別の単語になります。

私の名前（Name）はドイツでは通常 Ryoko Mori と表記します。Ryoko が前（vor）に置かれているので、これが「Vorname 名」、それに対して Mori が後（nach）にあるので「Nachname 姓」になります。ドイツ語接頭辞は非常に数多くありますが、以下に主な接頭辞と、これが加わることによってできる単語の意味を説明します。

1. 対称的な意味を付与する接頭辞

(1) vor ⇔ nach

前と後を表します。空間的にも時間的にも使います。

vor　前		中心の単語		nach　後	
Vorsilbe	接頭辞	Silbe	音節	**Nach**silbe	接尾辞
Vorname	ファーストネーム	Name	名前	**Nach**name	苗字、姓
Vormittag	午前	Mittag	正午	**Nach**mittag	午後
Vorwort	前書き	Wort	言葉	**Nach**wort	後書き

- Ich war am **Vormittag** die ganze Zeit unterwegs.
  午前中はずっと外出していた。
- Ich arbeitete am **Nachmittag** zu Hause.
  午後は家で仕事をしていた。

比喩的にも用います。vor は「優位・指図」、nach は「不利・模倣」などを意味します。

vor		中心の単語		nach	
Vorteil	長所、利点	Teil	部分	**Nach**teil	短所、不利
vorlesen	朗読する（人前で読む）	lesen	読む	**nach**lesen	後で読み返す
vortragen	講演する、演奏する	tragen	運ぶ、支える	**nach**tragen	付け加える

vorschlagen 提案する　　　　schlagen 打つ　　　**nach**schlagen 調べる

- Früher durften die Lehrer die Kinder **schlagen**.
  かつては教師は子供を殴ってもよかった。
- Ich möchte Folgendes **vorschlagen**.
  私は以下のことを提案したいと思います。
- Sie müssen die Vokabel (im Wörterbuch) selber **nachschlagen**.
  その単語は自分で辞書で調べないといけません。

(2) aus ⇔ ein

外（へ）と中（へ）を表します。日本語の熟語では漢字「出」「入」に相当します。

aus　外 / 出	中心の単語	ein　中 / 入
Ausreise　出国	Reise　旅	**Ein**reise　入国
Ausgang　出口	Gang　歩み、通路	**Ein**gang　入口
ausfahren（車両で）出る	fahren（車両で）移動する	**ein**fahren（車両で）入る
ausatmen（息を）吐く	atmen　呼吸をする	**ein**atmen（息を）吸う

- Auf den ersten **Blick** sieht man keinen Unterschied zwischen den beiden Produkten.
  一見しただけでは、二つの製品の違いは見て取れない。
- Der Mann hat einen tiefen **Einblick** in den aktuellen Zustand der Gesellschaft.
  その男性は社会の現状について深い洞察力をもっている。
- Das Unternehmen bestätigte den **Ausblick** auf das folgende Jahr.
  その企業は翌年度の見通しを確認した。

(3) an ⇔ ab

接近（着）と（分）離を表します。

an　付加 / 接近	中心の単語	ab　取除 / 離
anmelden	melden	**ab**melden
参加・転入を申出る	報告する	退会・転出を申出る
ansprechen 話しかける	sprechen 話す	**ab**sprechen 申し合わせる

anschalten	schalten	**ab**schalten
スイッチを入れる	スイッチを操作する	スイッチを切る
anwenden 応用・適用する	wenden 向きを変える	**ab**wenden（脇へ）そらす

- **Melden** Sie sich bitte bei mir, wenn Sie wieder in Deutschland sind!
  またドイツに来た時には連絡してくださいね。
- Sie müssen sich zunächst an der Rezeption **anmelden**.
  （いらしたら）まずフロントで受付をしないといけません。
- Sie können sich beim Verein **abmelden**, wenn Sie längere Zeit verreisen.
  長期ご旅行の際には、協会に退会届をだすこともできます。

(4) zu ⇔ ab

ab の対称表現には zu もあります。zu には「付加・閉鎖・志向」などの意味が
あります。

zu　付加 / 方向 / 閉鎖	中心の単語	ab　取除 / 分離
zunehmen　増加する（付加）	nehmen　とる	**ab**nehmen　減少する
zugehen　歩み寄る（方向）	gehen　行く	**ab**gehen　抜け出す
zuschließen 施錠する（閉鎖）	schließen 閉じる	**ab**schließen　終了する
zuwandern　移民として入る	wandern　放浪する	**ab**wandern　移住する

- Darf ich die Fenster **schließen**?
  窓を閉めても良いですか。
- Sie müssen die Haustür immer **zuschließen/abschließen**.
  家のドアにはいつもカギをかけておかないといけません。
- Die junge Frau möchte schnell ihr Studium **abschließen**.
  その若い女性は早く学業を終わらせたい（卒業したい）と思っている。
- Ich muss noch ein Mikrofon an meinen Laptop **anschließen**.
  あとマイクをパソコンに接続する必要があります。

💬 ところで
　基本動詞 wandern は、長時間に及ぶ徒歩での移動を意味する言葉です。これに上
記の 4 つの接頭辞がつくと、異なった意味の動詞が派生します。移民として入って

くる場合は einwandern、移民として出ていく場合は auswandern です。近年アフリカ等から難民申請をするためにやってくることは zuwandern と表現されます。また、工業化等により農村から都市へと移り住む場合には abwandern を使います。

(5) auf ⇔ unter

auf	基本動詞	unter
aufgehen 日が昇る、勃興する	gehen 行く	**unter**gehen 日が沈む、没落する
aufnehmen 取り上げる	nehmen とる	**unter**nehmen （事・活動を）行う
aufschreiben 書き留める	schreiben 書く	**unter**schreiben 署名する
aufbringen 持ち出す、調達する	bringen 持ってくる	**unter**bringen （場所に）納める、泊める
aufschlagen ぶつかる	schlagen 殴る	**unter**schlagen 秘匿する、着服する
aufhalten 引き留める、開けておく	halten 保つ	**unter**halten 扶養する、維持する、楽しませる

○ ところで

　上の表を見ると、接頭辞 auf – unter によって派生する動詞のペアは、必ずしも明瞭な対照的意味を持っていませんね。これは前置詞「auf – unter」には空間的上下以外に、様々な上下の比喩・拡大概念があるからかもしれません。例えば、時・数値（auf längere Zeit 長期にわたって、unter sechs Jahren 6 歳以下の）、方法・状態（auf Deusch ドイツ語で、unter Tränen 涙ながらに）、原因・条件（auf Wunsch 希望により、unter schwierigen Bedingungen 困難な条件下で）などがあります。

　ドイツ語を学び始めるとすぐ登場する動詞に nehmen と geben があります。この二つの基本動詞からだけでも、接頭辞が付くことによって、多くの新しい単語が生まれます。

	nehmen　　とる	geben　　与える
vor	**vor**nehmen　前＋とる → 前へ動かす	**vor**geben　前＋与える → 称する、唱える

nach	**nach**nehmen　後＋とる → 後でまたとる（おかわりする）	**nach**geben　後＋与える → 譲歩する
ein	**ein**nehmen　中へ＋とる → 服用する、摂取する	**ein**geben　中へ＋与える → 投与する、（請願書等を）提出する
aus	**aus**nehmen　外へ＋とる → 取り出す、除外する	**aus**geben　外へ＋与える → （金を）支払う、（食事等を）支給する
an	**an**nehmen　付加＋とる → 受取る、仮定する	**an**geben　付加＋与える → 述べる、表示する
ab	**ab**nehmen　離＋とる → 取り去る、とりあげる	**ab**geben　離＋与える → 渡す、届ける
zu	**zu**nehmen　付加＋とる → 増加する	**zu**geben　付加＋与える → 付加える、（嫌なことを）認める

✦ 練習問題 ●●

1. 以下の単語に接頭辞 vor あるいは nach をつけて新たな語を派生させ、その意味を記入してください。

	接頭辞＋単語		派生する単語	日本語の意味
(1)	vor	Speise 料理		
	nach			
(2)	vor	Kriegszeit 戦時		
	nach			
(3)	vor	Rede 話		
	nach			
(4)	vor	machen する、行う		
	nach			
(5)	vor	schlagen 打つ		
	nach			

2. 以下の単語に接頭辞 ein あるいは aus をつけて新たな語を派生させ、その意味を記入してください。

	接頭辞＋単語		派生する単語	日本語の意味
(1)	ein	fließen 流れる		
	aus			
(2)	ein	packen 詰める		
	aus			
(3)	ein	schließen 閉める		
	aus			
(4)	ein	Fall 落下		
	aus			
(5)	ein	reden 話す		
	aus			
(6)	ein	bilden 形づくる		
	aus			

3. 以下の単語に接頭辞（an / ab / zu）をつけて新たな語を派生させ、その意味を記入してください。

	接頭辞＋単語		派生する単語	日本語の意味
(1)	an	lehnen 持たせかける		
	ab			
(2)	an	rufen 呼ぶ		
	ab			
(3)	an	Gabe 贈りもの		
	ab			
(4)	an	Sicht 視界、見方		
	ab			
(5)	ab	Fall 落下		
	zu			

(6)	ab	decken かぶせる		
	zu			
(7)	an	greifen 摑む		
	zu			

【解答】

1. (1) Vorspeise オードブル、Nachspeise デザート

(2) Vorkriegszeit 戦前、Nachkriegszeit 戦後

(3) Vorrede 序言、Nachrede 陰口

(4) vormachen やって見せる、nachmachen 真似をする

(5) vorschlagen 提案する、nachschlagen（辞書などで）調べる

2. (1) einfließen 流れ込む、ausfließen 流れ出す

(2) einpacken（包・鞄に）詰め込む、auspacken（包・鞄を）開けて取り出す

(3) einschließen 含める・閉じ込める、ausschließen 排除する

(4) Einfall 思い付き、Ausfall 脱落・中止

(5) einreden 説得する、ausreden 話し終える、言い逃れをする

(6) einbilden（誤って）思いこむ、ausbilden 養成する

3. (1) anlehnen 寄りかかる、ablehnen 拒否する

(2) anrufen 電話をかける、abrufen 呼び出す

(3) Angabe 表示、Abgabe 提出

(4) Ansicht 見解・景色、Absicht 意図・心づもり

(5) Abfall 廃棄物、Zufall 偶然

(6) abdecken 覆いを取る・相殺する・覆う（zudecken と同意）、zudecken 覆う

(7) angreifen 攻撃する、zugreifen 手をのばして摑む

2. 変化を表す接頭辞

　小説や漫画等を基にして映画を製作するのは、原作を映画（Film）の状態へと変化させるので、変化を表す接頭辞 ver をつけて verfilmen と言います。後についている en は動詞語尾です。日本語でも変化を表す漢字「化」と動詞語尾「する」をつけて「映画化する」と言いますね。変化を意味する接頭辞として以下があります。

(1) ver

名詞の状態へと変化させることを表します。動詞語尾 -en がつきます。

名詞	ver ＋名詞＋動詞語尾
Film 映画	**ver**filmen 映画化する
Ton 音	**ver**tonen 曲をつける
Gold 金	**ver**golden 金めっきをする

- Dieser Ring ist kein reines **Gold**, sondern **vergoldet**.
  この指輪は純金ではなくて、金めっきが施されたものだ。

形容詞の状態へと変化させることを表します。動詞語尾 -en がつきます。

形容詞	ver ＋形容詞＋動詞語尾
öffentlich 公の	**ver**öffentlichen 公にする、出版する、公表する
heimlich 秘密の	**ver**heimlichen 秘密にする、隠す
wirklich 現実の	**ver**wirklichen 現実化する
eng 狭い	**ver**engen 狭める

- Das Dokument war lange **öffentlich** nicht zugänglich.
  この文書は長く一般には公開されていなかった。
- Es wurde letztes Jahr als Buch **veröffentlicht**.
  その文書は昨年本として公刊された。

形容詞比較級につき、形容詞の状態が強まることを示します。動詞語尾 -n がつきます。

形容詞	形容詞の比較級	ver ＋形容詞比較級＋動詞語尾
klein 小さい	kleiner より小さい	**ver**kleinern 小さくする
groß 大きい	größer より大きい	**ver**größern 大きくする
schön 美しい	schöner より美しい	**ver**schönern 美化する
lang 長い	länger より長い	**ver**längern 延長する

- Der Park ist sehr **klein**.

  公園はとても小さい。

- Die Stadt will den Park noch **verkleinern**.

  市は公園をさらに縮小するつもりだ。

動詞につき、変化が著しく最終状態になることを意味します。

動詞		ver ＋動詞	
ändern	変える	**ver**ändern	すっかり変える
drehen	ねじる	**ver**drehen	ねじ曲げる
brennen	焼ける	**ver**brennen	焼失する
kochen	煮る	**ver**kochen	煮過ぎる、煮崩れる

動詞が誤りまたは不当であることを表します。

動詞		ver ＋動詞	
sprechen	話す	**ver**sprechen	言い間違う、約束する
raten	助言する、言い当てる	**ver**raten	（秘密などを）漏らす
schlafen	寝る	**ver**schlafen	寝過ごす
tun	行う	**ver**tun	へまをする

○ ところで

• ändern と verändern

Der Mann hat sich geändert.　　その男は以前とは変わった。

Der Mann hat sich verändert.　　その男は以前とは変わってしまった。

どちらも「以前とは変わった」を意味しますが、その男性が以前とはすっかり変わってしまったことを表現したい場合には verändern を使います。

• sprechen と versprechen

Die beiden Frauen sprechen sehr gut Deutsch. 二人ともドイツ語がとても上手い。

Sie versprechen sich manchmal.　　　　　　二人は時々言い間違う。

Sie versprechen, sich jeden Tag zu treffen.　二人は毎日会おうと約束している。

上記のように、「ver ＋ sprechen」には「言い間違う」と「約束する」という二つ

の異なった意味があります。そこから「約束する（versprechen）のは、言い間違い（versprechen）による」と言ったりします。また形容詞「verheiratet 既婚の」は、本来は単に結婚（heiraten）後の変化を意味するだけですが、接頭辞 ver には「誤り・不当」の意味があることから、冗談として、「誤った結婚の結果」だと言う人もいます。

付与・譲渡する、利用させることを意味します。

動詞		ver ＋動詞	
mieten	住居などを一時的利用のため借りる	**ver**mieten	賃貸しする
pachten	耕作・狩猟などの用益権を借りる	**ver**pachten	用益権を貸す
leihen	借りる	**ver**leihen	貸す、授与する
kaufen	買う	**ver**kaufen	売る

◇ 接頭辞 ver は名詞について、この名詞の変化を意味する動詞をつくる機能もあります。48 ページを参照してください。

💬 **ところで**

・kaufen と verkaufen

kaufen は古代ローマ時代にラテン語から流入した言葉です。ローマ軍団と共に行動して兵隊たちに酒や小物を売っていた商人を「caupo」と言いました。ローマは古ゲルマン人地域にも攻め込んでおり、caupo 達は現地ゲルマン人相手にも商売をしていました。とりわけワインに人気があったそうです。この従軍商人から物を得ることが、後の kaufen というドイツ語になったと言われています。商人は品物を付与・譲渡したので verkaufen となります。

(2) zer

変化・作用の度合いが著しく、破壊されてしまうことを意味します。

動詞		zer ＋動詞	
schneiden	切る	**zer**schneiden	切り刻む
brechen	破る	**zer**brechen	壊す、折る
drücken	押す	**zer**drücken	潰す
reißen	裂く	**zer**reißen	引き裂く

◇ zerreißen は比喩としても用います。

Ich fühle mich zerrissen.

　私はああでもないこうでもないと思いが千々に乱れている。

- **Drücken** Sie im Notfall den roten Knopf!
  緊急時には赤ボタンを押してください。
- Bei der Weinherstellung werden Weintrauben in der Presse **zerdrückt**.
  ワインを作る際には、ぶどうを圧縮機で潰す。

(3) er

その動詞に成果をおさめ、ポジティブな状態に至ることを意味します。

動詞		er ＋動詞	
lernen	学ぶ	**er**lernen	（lernen した結果）習得する
laufen	走る	**er**laufen	（laufen した結果）賞を得る
arbeiten	働く	**er**arbeiten	（arbeiten が実を結ぶ）入手・作成する
werben	勧誘する、売込む	**er**werben	手に入れる、獲得する

- Der Softwareentwickler hat für sein neues Programm **geworben**.
  そのソフト開発者は新しいプログラムを宣伝した。
- Er hat später weltweiten Ruhm **erworben**.
  彼は世界的名声を手に入れた。

該当動詞の結果、死に至ることを表します。

動詞		er ＋動詞	
frieren	寒いと思う	**er**frieren	凍死する
schießen	撃つ	**er**schießen	射殺する
schlagen	殴る	**er**schlagen	殴殺する
drosseln	首を絞める	**er**drosseln	絞殺する

◇ 接頭辞 er- は、形容詞・名詞につき、該当語の状態にする意味の動詞を作る機能も
あります。48 ページを参照してください。

- Die Soldaten haben im Wald sehr **gefroren**.

  兵士たちは森の中でとても寒いと思った。
- Die Soldaten sind im Wald **erfroren**.

  兵士たちは森の中で凍死した。

💬 ところで

• schlafen と verschlafen

Ich habe gut geschlafen.　私は良く寝た。
Ich habe verschlafen.　　私は寝過ごした。

verschlafen もよく寝たことには変わりありません。しかし起床すべき時間を超過して寝てしまうと、gut schlafen ではなくなり、verschlafen になってしまいます。

• fallen と zerfallen

Am 9. November 1989 fiel die Berliner Mauer.
　1989 年 11 月 9 日にベルリンの壁は崩壊した。
Bis Ende 1991 zerfiel die Sowjetunion.
　1991 年末までにソヴィエト連邦は崩壊した。

前者は物理的な崩壊なので fallen、後者は制度の崩壊なので zerfallen になります。

• finden と erfinden

Er findet immer eine Ausrede.
　彼はいつも言い訳をみつける。
Er erfindet immer eine Geschichte für diese Ausrede.
　この言い訳のために、彼はいつもなんだかかんだかのストーリーを考え出す。
Die Ingenieurin erfindet immer wieder eine neue Technik.
　そのエンジニアは絶えず新技術を発明している。

動詞 erfinden には、「研究・実験により新たな技術や装置を開発する」という意味と、「非現実なことを思いつく、想像する」という意味とがあります。

(4) ent

取り除くことを意味します。

動詞		ent ＋	
keimen	芽吹く	**ent**keimen	殺菌する
laden	（荷を）積み込む	**ent**laden	（荷を）下ろす
spannen	張る	**ent**spannen	緩める、リラックスさせる
decken	覆う、被せる	**ent**decken	発見する

- Ein Tuch wurde über die Kommode **gedeckt**.
  布が箪笥に被せてあった。
- Unter diesem Tuch hat das Kind einen alten Brief **entdeckt**.
  この布の下に子供が古い手紙を発見した。

該当語が無い状態にすることを意味します。動詞語尾 -en がつきます。

単語		ent ＋中心語＋動詞語尾	
feucht	湿気ている	**ent**feuchten	除湿する
Frost	霜	**ent**frosten	霜取りをする
schuldig	有罪の、非がある	**ent**schuldigen	赦す、（sich）詫びる
Gift	毒	**ent**giften	解毒する

- Die Autofahrerin hat **Schuld** an dem Unfall.
  その事故は運転手の責任だ。
- Sie möchte sich ganz herzlich **entschuldigen**.
  彼女は心から詫びたく思っている。

離す、変化・展開することを意味します。

動詞		ent ＋	
falten	たたむ	**ent**falten	ほどく、展開させる
scheiden	分ける	**ent**scheiden	決定する
wickeln	巻く、包む	**ent**wickeln	発展させる、（sich）発展する
führen	導く、案内する	**ent**führen	誘拐する

- Die Reiseleiterin wollte gerade die Touristen im Schloss Neuschwanstein **führen**.

  ツアーガイドが観光客にノイシュヴァンシュタイン城を案内しようとしていた。
- Maskierte Männer kamen herein und **entführten** Touristen.

  覆面をした男たちが入ってきて観光客を誘拐した。

✦ 練習問題 ●●

1. 以下の形容詞に接頭辞 ver をつけて変化を意味する動詞を作り、その意味を記入してください。

	形容詞		ver ＋形容詞＋動詞語尾	派生語の意味
例	breit	広い	verbreiten	広める
(1)	wirklich	現実の		
(2)	ewig	永遠の		
(3)	tief	深い		
(4)	fein	繊細な		

2. 以下の動詞に接頭辞 zer がつくと、意味はどのように変化しますか。派生動詞の意味を記入してください。

	動詞		zer ＋	派生語の意味
(1)	schlagen	打つ	zerschlagen	
(2)	stören	邪魔をする	zerstören	
(3)	streuen	撒く	zerstreuen	

3. 接頭辞 er がつくと、以下の動詞はどう変わりますか。派生語とその意味を記入してください

	動詞		er ＋	派生語の意味
(1)	lösen	離す		
(2)	reichen	渡す、十分である		
(3)	frieren	寒いと感じる		
(4)	ziehen	引く		

4. 以下の動詞の意味と、接頭辞 ent がつく派生動詞の意味を記入してください。

動詞	動詞の意味	ent +	派生動詞の意味
(1) ziehen	- - - - - - - - - - - -	entziehen	- - - - - - - - - - - -
(2) laufen	- - - - - - - - - - - -	entlaufen	- - - - - - - - - - - -
(3) sorgen	- - - - - - - - - - - -	entsorgen	- - - - - - - - - - - -
(4) warnen	- - - - - - - - - - - -	entwarnen	- - - - - - - - - - - -

【解答】

1. (1) verwirklichen 実現する　(2) verewigen 永遠にとどめる　(3) vertiefen 深化させる
(4) verfeinern 洗練する

2. (1) 打ち砕く　(2) 破壊する　(3) 散らす、追い散らす

3. (1) erlösen 解き放つ、救済する　(2) erreichen 到達する　(3) erfrieren 凍死する
(4) erziehen 教育する

4. (1) 引っ張る／取り上げる　(2) 走る／逃げ出す　(3) 配慮する／処分する
(4) 警告する／警報を解除する

・・・

3. その他、知っておくと便利な接頭辞

(1) über

　über は「上」を意味する前置詞です。物理的な「上表面」、比喩的に「過剰」、「克服」を意味します。

　上部、表面を示します。

中心語	über +
backen　焼く	**über**backen　表面に焼き色をつける
ziehen　引く、引っ張る	**über**ziehen　コーティングする、羽織る
fahren　走行する	**über**fahren　轢く
Blick　見ること、眼差し	**Über**blick　展望

- Der Lastwagen ist zu schnell **gefahren**.
　トラックは速度を出し過ぎていた。

22

- Ein Kind wurde von dem Lastwagen **überfahren**.

  ひとりの子供がそのトラックに轢かれた。

適正な値・程度を超えることを意味します。

中心語		über +	
Stunde	時間	**Über**stunde	残業（規定時間以上の労働）
Gewicht	体重	**Über**gewicht	肥満（適正体重より重い）
Produktion	生産	**Über**produktion	過剰生産
Fluss	流れ、河川	**Über**fluss	過剰、潤沢、余り、余分

- Ich habe heute zehn **Stunden** gearbeitet.

  今日は 10 時間働いた。
- Ich habe heute **Überstunden** gemacht.

  私は今日残業をした。

移動・移行を表します。比喩的に「克服」という意味にも使います。

中心語		über +	
setzen	据える	**über**setzen	翻訳する
leben	生きる	**über**leben	生き延びる
winden	繰る、縒る	**über**winden	克服する
Gang	歩、動き	**Über**gang	移行

- Der jüdische Musiker **lebte** in Kriegszeiten.

  そのユダヤ系音楽家は戦争の時代に生きていた。
- Er **überlebte** den Holocaust.

  彼はホロコーストを生き延びた。

(2) um

廻らす、回ることを意味します。

中心語		um +	
fassen	摑む、捉える	**um**fassen	囲む、抱く

Weg	道	**Um**weg	回り道
Frage	質問	**Um**frage	アンケート（聞いて回る）
Kreis	範囲、サークル	**Um**kreis	周辺地区

- Auf dem **Weg** zur Schule gibt es eine Baustelle.
  学校へ行く途中に建設現場がある。
- Es gibt aber auch einen **Umweg**.
  しかし回り道もある。

変更・やり直すことを示します。

中心語		um +	
kleiden	着る	**um**kleiden	着替える
schreiben	書く	**um**schreiben	書き直す
benennen	名付ける	**um**benennen	改名する
denken	考える	**um**denken	考え方を変える

- Die Stadt wurde 1952 nach Karl Marx **benannt**.
  その都市は 1952 年カール・マルクスにちなんで名前が付けられた。
- Nach der Wiedervereinigung wurde die Stadt **umbenannt**. Sie heißt nun Chemnitz.
  都市はドイツ再統一後改称され、今ではケムニッツという。

転倒・転覆を意味します。

中心語		um +	
wandeln	変える	**um**wandeln	（別質のものへ）変換する
drehen	回す	**um**drehen	裏返す
werfen	投げる	**um**werfen	倒す、ひっくり返す
kippen	傾く、傾かせる	**um**kippen	転倒する

- Der Schiff ist nach links **gekippt**.　　　　船は左に傾いた。
- Der Schiff ist **umgekippt**.　　　　　　　　船は転覆した。

(3) durch

時間・空間的に通過すること、通過・経過後の状態を示します。

中心語		durch +	
sehen	見る	**durch**sehen	見通す
Gang	歩行	**Durch**gang	通路
Bruch	破折、破損	**Durch**bruch	突破、ブレイクスルー

- Die Art und Weise ihres Singens zeigte einen **Bruch** mit der Musiktradition.
  彼女の歌い方には音楽の伝統との断絶が見て取れる。
- Die Sängerin schaffte später einen **Durchbruch**.
  その後歌手はブレークスルーするに至った。

徹底を意味します。

中心語		durch +	
denken	考える	**durch**denken	考えぬく
arbeiten	働く	**durch**arbeiten	休憩なしに働く、徹底して作業する
suchen	探す	**durch**suchen	くまなく探す
schwitzen	汗をかく	**durch**schwitzen	汗だくになる

- Der Plan ist für junge Menschen **gedacht**.
  その計画は若者を考えたものだ。
- Sein Plan ist **durchdacht**.
  彼の計画は周到に考えぬかれている。

(4) be

自動詞を他動詞に変える機能があります。

自動詞		他動詞	
enden	終わる	**be**enden	終える
leben	生きる	**be**leben	活気づける
leuchten	輝く	**be**leuchten	照らす
atmen	呼吸する	**be**atmen	人工呼吸を施す

前置詞を伴う動詞を、前置詞を必要としない動詞に変えます。

前置詞を要する他動詞	前置辞を要さない他動詞
auf（人・物 /4 格）antworten 答える	（人・物 /4 格）**be**antworten 答える
mit（人・物 /3 格）streuen 撒く	（人・物 /4 格）**be**streuen 撒く、振りかける
für（人・物 /4 格）sorgen 世話する	（人・物 /4 格）**be**sorgen 調達する、世話する
auf（人・物 /4 格）achten 注意する	（人・物 /4 格）**be**achten 注意する、遵守する

> 💬 **ところで**
>
> 接頭辞 be の有無は、文法上の変化だけの場合と、意味自体が変わる場合とがあります。
>
> ・antworten と beantworten
>
> | Ich antworte auf ihre Frage. | 私は彼女の問いに答える。 |
> | --- | --- |
> | Ich beantworte ihre Frage. | 私は彼女の問いに答える。 |
>
> ・achten と beachten
>
> | Ich achte andere Meinungen. | 私は他の意見に注意を払っている（尊重する）。 |
> | --- | --- |
> | Ich beachte die Verkehrsregeln. | 私は交通規則に注意を払っている（遵守する）。 |

何らかのこと・ものが付与されたことを表します。

元の単語		be ＋	
Handlung	行為	**Be**handlung	取り扱い、治療
denken	考える	**be**denken	熟慮する
sprechen	話す	**be**sprechen	話し合う
arbeiten	働く	**be**arbeiten	加工する

◇ 接頭辞 be は形容詞について、「その状態にする」という動詞を派生させます。48 ページを参照してください。

✦ 練習問題 •••

1. 以下の単語に接頭辞をつけるとどのような単語ができますか。派生語とその意味を書いてください。

	接頭辞＋単語	派生する単語	日本語の意味
(1)	um / fallen 落ちる		
	über		
(2)	um / Bruch 破損		
	durch		
(3)	über		
	um / setzen 据える		
	durch		
(4)	durch		
	über / Gang 歩み		
	um		
(5)	um		
	aus / steigen		
	auf / 上方へ移動する		
	ein		

2. 文意にあった動詞はどちらですか。選んで適切に活用させ、文を完成してください。

(1) wundern – bewundern

　　a. Ich ＿＿＿＿＿＿ mich über Dein Verhalten. 私はあなたの行動に疑問を感ずる。

　　b. Ich ＿＿＿＿＿＿ Dein Verhalten.　　　　私はあなたの行動に感嘆する。

(2) dienen – bedienen

　　a. Bitte ＿＿＿＿＿＿ Sie sich. ご自由にお取りください。

　　b. Wozu ＿＿＿＿＿＿ eigentlich dieser Apparat?
　　　　この器具は何の役に立つのですか。

(3) graben – begraben

　　a. Wir wollen unseren Streit ＿＿＿＿＿＿. 我々はこの争いを葬りたい。

　　b. Wir haben ein tiefes Loch in die Erde ＿＿＿＿＿＿ .
　　　　我々は地面に深い穴を掘った。

(4) greifen – begreifen

    a. Das Kind ＿＿＿＿ nach der Schokolade.

      その子供はチョコレートに手を伸ばす。

    b. Das Kind hat nicht ＿＿＿＿, was ich meinte.

      その子供は私の言っていることの意味が分からなかった。

(5) schließen – beschließen

    a. Was haben Sie ＿＿＿＿?   あなたはどういう決心をしましたか。

    b. Wann wird das Museum ＿＿＿＿? 博物館は何時に閉館になりますか。

【解答】

1. (1) umfallen 倒れる／überfallen 襲う (2) Umbruch 変動、激変／Durchbruch 突破
(3) übersetzen 翻訳する／umsetzen 置き換える／durchsetzen 貫徹する、(sich) 押
し通す (4) Durchgang 通路／Übergang 移行、横断／Umgang 対処、取扱い
(5) umsteigen 乗り換える、(方針を) 転換する／aussteigen（車両・役割・社会から）
降りる／aufsteigen（自転車・馬に）乗る、(山に) 登る／einsteigen（自動車・列車に）
乗る、参入する

2. (1) a. wundere / b. bewundere (2) a. bedienen / b. dient (3) a. begraben / b. gegraben
(4) a. greift / b. begriffen (5) a. beschlossen / b. geschlossen

4. 反意を意味する接頭辞

(1) 従来語につく接頭辞

un：次に続く語を否定します。nicht の意です。

中心語		un ＋	
deutlich	明確な	**un**deutlich	不明確な
erklärlich	説明できる	**un**erklärlich	説明できない
vollständig	完備している	**un**vollständig	完備していない

次に続く名詞が不都合・不快であることを示します。

名詞	un ＋
Fall 場合、事例	**Un**fall 事故

Sinn	意味	**Un**sinn	無意味、ナンセンス
Wetter	天候	**Un**wetter	悪天候

💬 **ところで**

Unwetter は「不快な天候」、Unding は「不快なこと」です。日常会話で Das ist (ja) ein Unding という表現があります。「とんでもない！」と、感情をこめたいときに使います。また接頭辞 un のつく単語としては「Unwort 不快な言葉」があり、1991 年より年末に「今年の不快語 Unwort des Jahres」が発表されています。初年の 1991 年は ausländerfrei、2019 年は Klimahysterie でした。それぞれ造語法に基づいて考え出された複合語で、「Ausländer 外国人 - frei フリーの」、「Klima 気候 - Hysterie ヒステリー」が結びついています。外国人はいない方がよい、気候変動はしょせんヒステリーにすぎない、と主張する人たちの言葉で、ドイツ事情が負の意味で反映されています。frei のつく形容詞は 34 ページを参照してください。

---

fehl：語源は「Fehler 誤り」「fehlen 欠けている」です。その名詞本来のあり方から逸れてしまう状態を示します。

中心語		fehl ＋	
Geburt	出産	**Fehl**geburt	流産
Anzeige	表示、届出	**Fehl**anzeige	誤表示、届出が事実と異なること
Tritt	歩き（方）	**Fehl**tritt	足を踏み外すこと
Kauf	購入	**Fehl**kauf	がっかりした購入（品）

💬 **ところで**

Anzeige は、事柄・数値などの届出・公表・表示を表します。これに接頭辞 fehl がつくと、様々な意味になります。届出の内容に誤りがあった場合、例えば信号機が故障していると届け出たものの実はそうではなかったときに、この届出は Fehlanzeige だったことになります。公表が実現されなかった場合にも、この公表は Fehlanzeige と言われます。例えば、とある政府が何かをすると公に発表しておきながら、それを実施しなかった場合などです。この用法はニュースでよく耳にします。それを転じて、日常生活では「それは全然、見当違いだね」という言いたいときにも使われます。

Die städtische Regierung hat Soforthilfe versprochen. Fehlanzeige!

都市政府は緊急援助を約束したが、実施されないままだった。

Hast du mich im Büro angerufen? Fehlanzeige! Ich war den ganzen Tag zu Hause.

あなたは職場に電話したのですか。それは見当はずれ、私は一日中家にいたのです。

miss：fehl, un と同意です。さらに「欠如」を表します。

中心語		miss +	
verstehen	理解する	**miss**verstehen	誤解する
brauchen	用いる	**miss**brauchen	濫用する、悪用する
Ernte	収穫物	**Miss**ernte	凶作、不作
Erfolg	成功	**Miss**erfolg	失敗

(2) 外来語につく反意の接頭辞

des：離す、無くすことを意味します。従来語の ab, ent, weg に相当します。

元の単語		des +	
Infektion	感染	**Des**infektion	消毒、除菌
aktivieren	活性化する	**des**aktivieren	非活性化する

anti：対峙、対抗、対応を意味します。従来語の gegen(über), entgegen の意味です。

元の単語		anti +	
demokratisch	民主主義的な	**anti**demokratisch	反民主主義的な
Kapitalismus	資本主義	**Anti**kapitalismus	反資本主義

その他、反意の接頭辞 a-, in-*, non-

元の単語		派生語	
sozial	社会的な	**a**sozial	非社会的な
stabil	安定した	**in**stabil	不安定な
verbal	言語による	**non**verbal	言語によらない

* |in- は続く単語の子音に応じて ir-（r の前）/ il-（l の前）/ im-（b, m, p の前）と変化します。

ここで登場した接頭辞を組み合わせると、ドイツ語初級で学ぶ単語から、きわめて多くのヴァリエーションができます。例えば以下のような組み合わせがあります。基礎単語と基礎的な接頭辞の意味を覚えるだけで、ボキャブラリーは大幅にアップすることがイメージできるでしょう。

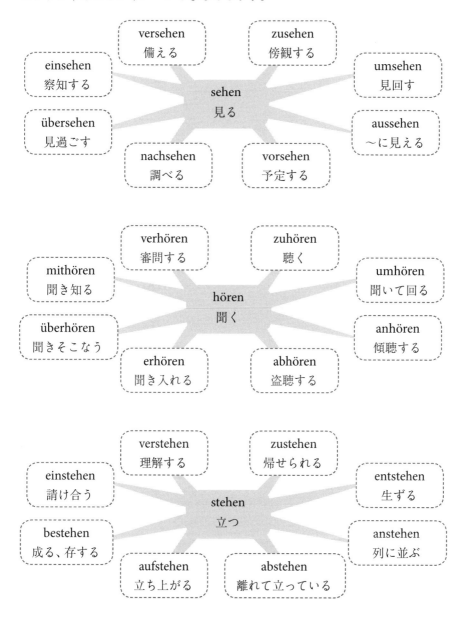

1. 以下の単語に適切な接頭辞（un / des / fehl / in(r) / miss）をつけて、否定を表す言葉を派生させてください。

単語		＋接頭辞	派生語の意味
(1) fair	フェアな	------------------	------------------
(2) Erfolg	成功	------------------	------------------
(3) vergesslich	忘れっぽい	------------------	------------------
(4) Achtung	尊重	------------------	------------------
(5) Schlag	打撃	------------------	------------------
(6) stabil	安定した	------------------	------------------
(7) infizieren	感染させる	------------------	------------------
(8) rational	合理的な	------------------	------------------

【解答】

1. (1) unfair フェアでない　(2) Misserfolg 失敗、不成功　(3) unvergesslich 忘れがたい
(4) Missachtung 軽視　(5) Fehlschlag 失策、不首尾、空振り　(6) instabil 不安定な
(7) desinfizieren 殺菌する　(8) irrational 非合理的な

●●●

II 接尾辞 Nachsilben

　接尾辞は単語の後（nach）につく音節（Silbe）で、品詞を変える機能があります。例えば、名詞「Freund 友だち」に形容詞に変える接尾辞 -lich をつけると、形容詞「freundlich 親切な」になります。この形容詞にさらに、名詞化の接尾辞 -keit を加えると、新たな名詞「Freundlichkeit 親切な行為、友好的態度」ができます。副詞化の接尾辞 -weise がつくと、「freundlicherweise 親切なことに」が派生します。ここでは接尾辞の種類と、これから派生する語について説明します。

1. 形容詞化 Adjektivierung

　名詞・動詞を形容詞 Adjektiv に変えることを形容詞化 Adjektivierung と言います。形容詞に変化させる接尾辞としては以下のようなものがあります。

* 接尾辞をつける際に接合音が挿入されたり語尾が脱落したりすることがあります。
  詳細は 65-67 ページを参照してください。

(1) 名詞の形容詞化

-lich*, -ig, -isch：該当名詞の属性があることを示します。

名詞	＋接尾辞	
Sommer 夏	sommer**lich**	夏らしい
Sonne 太陽	sonn**ig**	快晴の、日当たりのよい（日光が多くある状態）
Fakt 事実	fakt**isch**	事実上の（事実としての要素をもつ）

　　　　　　　　　* -lich は動詞にもつきます。36 ページを参照してください。

- Die heutige Temperatur ist wie im **Sommer**.　　今日の気温は夏みたいだ。
- Heute ist es **sommerlich**.　　　　　　　　　今日は夏らしい。

> 💬 ところで
> 接尾辞の違いにより、派生する形容詞の意味は変わります。
> Zeit（時間）：zeitlich（時間的に）、zeitig（早めに）
> Hof（宮廷、中庭）：höflich（礼儀正しい）、höfisch（宮廷の）

-sam：該当名詞を引き起こす状態であることを示します。

名詞		+sam	
Mühe	苦労、労苦	mühsam	骨の折れる（労を引き起こすような）
Heil	癒し	heilsam	治療効果のある（癒しを引き起こすような）
Arbeit	仕事	arbeitsam	勤勉な（労働を引き起こす状態）
Sorge	配慮、心配	sorgsam	念入りな、几帳面な

◇ sam は動詞にもつきます。36 ページを参照してください。

- Es braucht viel **Mühe**, um diese Arbeit zu erledigen.
  その仕事を成し遂げるには多くの労が必要だ。
- Das ist eine **mühsame** Arbeit.
  それは骨の折れる仕事だ。

-haft：該当名詞特有の性格を持っていることを示します。

名詞		+ haft	
Traum	夢	traumhaft	夢のような
Held	英雄	heldenhaft	英雄的な（英雄としての要素を持つ）
Rätsel	謎	rätselhaft	謎めいた（謎が多い状態）
Name	名前	namenhaft	有名な

- Ich hatte einen **Traum** von einem Strand.
  私はある海岸の夢を見た。
- Ich sah dort einen **traumhaften** Strand.
  私はそこにまるで夢のような海岸を見た。

-reich, -arm, -frei：該当名詞が多い、乏しい、無いを意味します。

名詞	多い	少ない・無い
Vitamin ビタミン	vitamin**reich** ビタミン豊富な	vitamin**arm** ビタミンの乏しい
Bevölkerung 人口	bevölkerungs**reich** 人口の多い	bevölkerungs**arm** 人口の少ない

Alkohol アルコール	×	alkohol**frei** ノンアルコールの
Vorurteil 先入観	×	vorurteils**frei** 先入観なく

- Ich vertrage kein **Alkohol**.
  私はアルコールは飲めない。
- Ich möchte **alkoholfreies** Bier trinken.
  私はノンアルコールのビールを飲みたい。

-voll, -los：該当名詞の充満と欠如を意味します。

名詞		多い		無い	
Sinn	意味	sinn**voll**	意義ある	sinn**los**	無意味な
Hoffnung	希望	hoffnungs**voll**	有望な	hoffnungs**los**	絶望的な
Rücksicht	顧慮	rücksichts**voll**	思いやりのある	rücksichts**los**	配慮に乏しい
Liebe	愛	liebe**voll**	愛情のこもった	lieb**los**	愛のない

- Autofahrer müssen **Rücksicht** auf Ratfahrer nehmen.
  自動車を運転するひとは自転車に乗るひとに配慮すべきだ。
- Ratfahrer müssen **rücksichtsvoll** gegenüber Fußgängern sein.
  自転車に乗るひとは歩行者に配慮すべきだ。

💬 **ところで**

　-reich と -voll はほぼ同じ意味です。より厳密に言うならば、-reich は量的に多い、程度的に高いことを示し、-voll はその名詞が「行き渡っている状態」「満ちている状態」を意味します。

　-frei も -los も、同じように名詞が無い状態を示します。-los は、名詞が欠如（不足）した状態です。それに対して -frei は、語源「frei 自由な」に由来する接尾辞で、名詞から解放されている状態を示します。したがって同じように「Arbeit 仕事」が無い状態でも、意味は以下のように異なってきます。

Ich bin arbeitslos. 私は失業中だ。→ 仕事（先）が欠けている。
Ich habe heute einen arbeitsfreien Tag.
　　今日は仕事のない日だ。→ 仕事から解放されている。

外来語の形容詞化

外来語を形容詞化する接尾辞は、数多くあります。主なものとして以下があります。

外来名詞		＋接尾辞	
Information	情報	informativ	ためになる（情報を得られる）
Interesse	興味	interessant	面白い（興味をそそられる）
Skandal	スキャンダル	skandalös	スキャンダラスな
Tendenz	傾向	tendenziell	傾向のある

(2) 動詞の形容詞化

形容詞化の接尾辞は動詞の語幹（語尾 en をとった形）につきます。

-bar：動詞が可能であることを示します。

動詞		動詞語幹＋ bar	
essen	食べる	essbar	食用の
halten	保つ	haltbar	保存可能な
denken	考える	denkbar	考えうる
realisieren	実現する	realisierbar	実現可能な

- Das Blatt, das den gegrillten Fisch garniert, kann man **essen**.
  焼き魚に添えてある葉っぱは食べられます。
- Das Blatt, das den gegrillten Fisch garniert, ist **essbar**.（同上）

-sam：動詞に関する状態であることを示します。34 ページを参照してください。

動詞		動詞語幹＋ sam	
folgen	従う	folgsam	従順な
raten	助言する	ratsam	勧められる
schweigen	沈黙する	schweigsam	寡黙な

- Hänsel und Gretel **folgen** ihren Eltern in den Wald.
  ヘンゼルとグレーテルは両親について森の中に入っていく。

- Die beiden Kinder sind **folgsam**.

　　二人の子供は従順だ。

-lich：該当動詞が行われうることを示します。33 ページを参照してください。

動詞		動詞語幹＋ lich	
erklären	説明する	erklär**lich**	説明のつく
dienen	仕える	dien**lich**	役立つ
vergessen	忘れる	vergess**lich**	忘れっぽい

- Das lässt sich leicht **erklären**.　　それは簡単に説明できる。
- Das ist **erklärlich**.　　それは説明のつくことだ。

(3) 副詞をつくる接尾辞

　ドイツ語の副詞は基本的に形容詞と同形なので、前述の形容詞は副詞としても
用います。副詞にのみ使用される接尾辞としては、以下があります。接合音が入
ることが多いです。接合音については 65-67 ページを参照してください。

-weise：「Weise 仕方・方法」が語源です。該当語に相当する方法でという意味を
　　示します。形容詞、名詞につきます。接合音 er が入ることがあります。

基本になる単語		＋ weise	
freundlich	親切な	freundlich**er**weise	親切にも
blöd	愚かな	blöd**er**weise	愚かなことに（腹立たしいことに）
Teil	部分	teil**weise**	部分的に
Schritt	歩み	schritt**weise**	一歩ずつ、段階を踏んで

-maßen：「Maß 尺度」が語源です。該当語に見合った程度で、という意味です。
　　動詞の現在分詞・過去分詞、形容詞につきます。接合音 er が入ります。

基本になる単語		＋ maßen	
folgend	次の	folgend**er**maßen	以下のとおり
bekannt	知られている	bekannt**er**maßen	知られているように
einige	二、三の	einig**er**maßen	まあどうにか、ある程度

gleich 同じ　　　　　　gleicher**maßen** 同様に

-halber：「〜ゆえに」を示します。語源は中高ドイツ語 halbe で、現代ドイツ語の「Seite 側」、「Hälfte 半分」に相当します。該当語が動機、きっかけとなることを意味します。

基本になる単語		＋ halber	
Pflicht	義務	pflicht**halber**	義務ゆえに
Sicherheit	安全	sicherheits**halber**	安全確保のために
Spaß	楽しみ	spaß**es**halber	遊び半分に、面白がって

-gemäß, -mäßig：「Maß 基準」が語源で、「相応して」「要件を充たす」「…という点で」を意味します。この接尾辞のつく語は形容詞としても用います。-mäßig については、56 ページ（複合語）も参照してください。

基本になる単語		＋接尾辞	
Erwartung	期待、予期	erwartungs**gemäß**	予期したように
Ordnung	規則、秩序	ordnungs**gemäß** / ordnungs**mäßig**	規定どおりに
Vertrag	契約	vertrags**gemäß** / vertrags**mäßig**	
			契約に従って、契約により
Zeit	時代	zeit**gemäß** / zeit**mäßig**	時代に即して
Verhältnis	割合、情勢	verhältnis**mäßig**	比較的、割に
Arbeit	仕事	arbeits**mäßig**	仕事という点では

✦ 練習問題 •••

1. 以下の名詞を形容詞に変える共通の接尾辞は何でしょうか。

(1) Gift 毒　Wind 風　Lust 楽しみ　Schmutz 汚れ　Fleiß 勤勉　　------------

(2) Künstler 芸術家　Sturm 嵐　Gegner 敵　Telefon 電話　　------------

(3) Mensch ひと　Süd 南　Freund 友　Ende 終り　　------------

(4) Wunder 驚嘆　Plan 計画　Furcht 恐怖　Sicht 見えること　　------------

(5) Rat 助言　Gewalt 暴力　Heil 癒し　Grau 灰色　Arbeit 労働　　------------

(6) Meister 達人　Gewissen 良心　Zweifel 疑い　Rätsel 謎　　------------

2. 以下の動詞を形容詞化する接尾辞を選び、意味を記入してください。

(1) spritzen •   • -ig   ------------------

(2) genügen •   • -bar   ------------------

(3) bedauern •   • -haft   ------------------

(4) danken •   • -sam   ------------------

(5) wechseln •   • -lich   ------------------

3. 以下の語を形容詞に変えて下線部に入れてください。

(1) Lehrer　教師　　------------------ Ton　　　　教師らしい口調

(2) Laie　素人　　　------------------ Arbeit　　素人じみた作業

(3) Arzt　医師　　　------------------ Attest　　医者の診断書

(4) Mensch　人間　　------------------ Versagen　人間の過失

(5) Luft　空気　　　------------------ Terrasse　風通しのよいテラス

(6) Stein　石　　　　------------------ Weg　　　石だらけの道、困難な道

4. 以下の単語に枠内から接尾辞をつけて副詞にしてください。複数の接尾辞がつ
くものもあります。

> -weise　-maßen　-mäßig　-halber

(1) Teil 部分　　------------------　　(2) Plan 計画　　------------------

(3) Vorsicht 用心　------------------　(4) bekannt 周知の　------------------

(5) freundlich 親切な　------------------

【解答】

1. (1) ig (2) isch (3) lich (4) bar (5) sam (6) haft

2. (1) spritzig 発泡性の (2) genügsam 控え目な、足るを知る (3) bedauerlich 残念な
(4) dankbar ありがたい (5) wechselhaft 変わりやすい

3. (1) lehrerhafter (2) laienhafte (3) ärztliches (4) menschliches (5) luftige (6) steiniger

4. (1) teilweise 部分的に (2) planmäßig 計画通りに (3) vorsichtshalber 念のために
(4) bekannterweise, bekanntermaßen 周知のように (5) freundlicherweise 親切にも

2. 名詞化 Nominalisierung

　形容詞・動詞を名詞 Nomen に変えることを名詞化 Nominalisierung と言います。また名詞について、別の意味の名詞をつくる接尾辞もあります。この場合は品詞が変わるわけではありませんが、ここでは名詞化接尾辞として扱います。

(1) 形容詞から名詞へ

-keit, -heit：性格、状態、集合を表します。この接尾辞によって派生する名詞はすべて女性名詞です。

形容詞		＋接尾辞	
frei	自由な	die Frei**heit**	自由
gleich	同じ	die Gleich**heit**	平等
sicher	確かな	die Sicher**heit**	安全（性）
einsam	孤独な	die Einsam**keit**	孤独
sauber	清潔な	die Sauber**keit**	清潔

-igkeit：-keit, -heit と同じ意味です。主に語尾が -los, -haft, -fest で終わる形容詞につきます。

形容詞		＋ igkeit	
beispiellos	比類のない	die Beispiellos**igkeit**	類のないこと
krankhaft	病気による、病的な	die Krankhaft**igkeit**	病的であること
standfest	確固とした	die Standfest**igkeit**	確固とした態度
leicht	軽い	die Leicht**igkeit**	軽さ、軽やかさ

💬 **ところで**

　状態を表す名詞化接尾辞には -sal もあります。この接尾辞は古い表現で、文学的響きがあります。今日、この接尾辞を使って新語が造られることはありません。

trüb どんよりとした、陰鬱な（形容詞）
　→ die/das Trübsal 難儀（陰鬱な気分にさせるようなこと）
die Mühe 苦労、努力（名詞）→ die Mühsal 多大な苦労、労苦

参考 形容詞は、接尾辞をつけるだけでなく、定冠詞・不定冠詞がつくことによっても名詞になります。その場合の名詞は形容詞変化に沿って変わります。

形容詞	派生名詞
deutsch ドイツの	ドイツ人 ein Deutscher 男 / eine Deutsche 女
	der Deutsche 男 / die Deutsche 女 / die Deutschen 複
krank 病気の	病人 ein Kranker 男 / eine Kranke 女
	der Kranke 男 / die Kranke 女 / die Kranken 複

(2) 動詞から名詞へ

-er：動詞をおこなう人・ものを表します。人の場合には性別の違いがあります。

動詞	動詞語幹 + er
senden　送る	der/ein Sender　テレビ・ラジオ局、発信機器
benutzen 利用する	der/ein Benutzer; die/eine Benutzerin 利用者
drucken 印刷する	der/ein Drucker プリンター

-ung：動詞は語尾 -en を -ung に置き換えることによって名詞に変わります。この接尾辞がつく名詞は、すべて女性名詞です。

動詞	動詞の語幹 + ung
entstehen 成立する	die Entstehung 成立
bestellen 注文する	die Bestellung 注文
rechnen　計算する	die Rechnung 請求書
erfahren　経験する、見聞きする	die Erfahrung 体験

-nis：語幹の母音が変化したり、口調を整える音「t」が入ることもあります。

動詞	動詞の語幹 + nis
zeugen　証言する、証明する	das Zeugnis　証明書
ergeben　結果として生ずる	das Ergebnis　結果
erkennen 認識する	die Erkenntnis 認識
erleben　体験する	das Erlebnis　体験

接尾辞に依らない名詞化

　動詞には①接尾辞 -ung, -nis をつける以外の名詞化もあります。②最初を大文字で書くことで中性名詞になります。また③語幹を名詞として使うこともあり、その際に語幹の母音が変化する語もあります。さらに、語幹に接頭辞 ge がついて集合名詞になることもあります（denken 考える→ Gedanke 考え）。このように動詞には様々な名詞化の仕方があり、それぞれ意味が異なってきます。

	spielen* 遊ぶ	schließen 閉める	hindern 妨げる
①接尾辞		die Schließung 閉店（館）、締結	die Hinderung 妨げ das Hindernis 障害物、妨害
②大文字で 書く	das Spielen 遊ぶこと	das Schließen 閉めること	das Hindern 妨げること
③語幹	der Spiel 遊び	der Schluss 終り	

　　* 動詞 spielen には、「遊ぶ、演ずる、賭けをする」など、多くの意味があります。

(3) 名詞から名詞へ

　以下の接尾辞は名詞につき、この名詞に新たな意味を付け加えます。

-schaft, -tum, -ei：集団、制度、性格を示します。-schaft と -ei は女性名詞、-tum は中性名詞（名詞につく場合）です。

名詞		＋接尾辞	
Bürger	市民	die Bürger**schaft**	市民層・市民階級
Freund	友人	die Freund**schaft**	友情
Held	英雄	das Helden**tum**	英雄的行為
König	王	das König**tum**	王国
Drucker	印刷業者	die Drucker**ei**	印刷業
Bäcker	製パン業者	die Bäcker**ei**	製パン業
Maler	画家	die Maler**ei**	絵画

- Im 18. Jahrhundert legten viele **Bürger** gern eigenen Garten an.
  18 世紀、多くの市民が自分の庭を作りたがった。

- Der Gartenanbau hat sich in der **Bürgschaft** verbreitet.

  庭造りが市民層に広まった。

- Der **Maler** malte gern Landschaftsbilder.

  その画家は好んで風景画を描いた。

- Seine **Malerei** zeichnet sich durch frische Farben aus.

  彼の絵は明るい色調が特徴的だ。

-erei：該当語を継続して行っている状態を軽蔑する表現です。女性名詞です。

名詞	+ erei
Streit 争い	die Streit**erei**（つまらないことで）争いばかりしていること
Spiel 遊び	die Spiel**erei** 遊び事

◇ 話者の評価を示します。ある Streit を取るに足らないと思う場合、Spiel を大したことではないと思う場合に使用されます。

- Es gab einen heftigen **Streit** zwischen den beiden Parteien.

  両党派の間に激しい議論があった。

- Es gab ständig **Streiterei** in der Familie.

  家族内にはいさかい事が絶えなかった。

-chen, -lein：可愛いもの、小さなものに対して愛情をこめる表現です。中性名詞です。

単語	＋接尾辞
Baum 木	das Bäum**chen** 若木
Kind 子供	das Kind**lein** 幼子
Bach 小川	das Bäch**lein** せせらぎ

○ ところで

Mann + chen の Männchen は「小さな男性」ではなく、動物の男すなわち「雄」を意味します。動物の女すなわち「雌」は「Weibchen（Weib + chen）」です。Frau に -chen がつくと、「Frauchen 女性の飼い主」になります。飼い主が男性の場合は「Herr 主人」に -chen がつき「Herrchen」になります。

-er, -ler：名詞に関わる人を表します。女性の場合には語尾に -in が必須です。

名詞	＋接尾辞
Musik 音楽	der/die Musik**er/in** 音楽家
Bank 銀行	der/die Bank**er/in** 銀行業者・銀行家
Sport スポーツ	der/die Sport**ler/in** アスリート
Wissenschaft 学問	der/die Wissenschaft**ler/in** 学術関係者

-ling：該当語に関わる人を表します。

名詞	+ ling
die Lehre 修行	der Lehr**ling** 見習い、徒弟（見習い中の人）
der Hof 宮廷	der Höf**ling** 廷臣

◇ 文法上の性は男性ですが、実際の性別には関わりません。見習いをしている人は男女に関わらず der Lehrling となります。

- Der Dichter diente als **Höfling** am französischen **Hof**.
  その詩人は廷臣としてフランス宮廷に仕えていた。

参考 -ling は動詞・形容詞にもつき、これを名詞化します。

基本単語	+ ling
flüchten 逃げる	der Flücht**ling** 難民
lieb 好ましい	der Lieb**ling** お気に入り

(4) 外来語につく名詞化接尾辞

-or, -ist：名詞に関連する人、ものを表します。

名詞	＋接尾辞
Direktion 指導（部）	der/die Direkt**or/in** 校長、所長
Projektion 投影	der Projekt**or** プロジェクター
Piano ピアノ	der/die Pian**ist/in** ピアニスト
Jura 法学	der/die Jur**ist/in** 法律家

-eur, -ent, -ant, -at：その動詞に関わる人を表します。

動詞		＋接尾辞	
frisieren	調髪する	der/die Fris**eur/in**	美容師
studieren	大学で学ぶ	der/die Stud**ent/in**	学生
informieren	情報を与える	der/die Inform**ant/in**	情報提供者
adressieren	宛てる	der/die Adress**at/in**	宛先（手紙、アピールなど）

-ität：形容詞を名詞化します。従来語につく接尾辞 -keit, -heit に相当します。女性名詞です。

形容詞		＋ ität	
national	国民の、民族の	die National**ität**	国籍、民族への帰属
human	人間の	die Human**ität**	人間性、人道
normal	普通の	die Normal**ität**	通常（の状態）

-ismus：精神的態度、文化潮流を示します。男性名詞です。

名詞		＋ ismus	
Kapital	資本	der Kapital**ismus**	資本主義
Tour	ハイキング、旅行	der Tour**ismus**	観光（業）、ツーリズム
Ego	自我	der Ego**ismus**	利己主義

-ik, -ie：学問分野、総体を表します。女性名詞です。

名詞		＋接尾辞	
Information	情報	die Informat**ik**	情報学
Methode	方法	die Method**ik**	方法論
Monarch/in	君主	die Monarch**ie**	君主制

💬 ところで

　ドイツ語では、人間を指す単語は女性と男性で変わります。この点が日本語や英語と大きく異なります。医者が男性ならば **Arzt** ですが、女性であれば **Ärztin** です。かつて男性が独占していた職業の場合は、注意が必要です。市民 **Bürger**、有権

者 Wähler など、性別に関係ないと思われるような単語でも、単独の場合は「eine Bürgerin oder ein Bürger」、複数の場合は「Bürgerinnen und Bürger」と表現するのが「両性平等表記 geschlechtergerechte Sprache」だとされています。最近では、表記を短縮するために、あいだの活字「I」を大文字で表記する「BürgerInnen」、あるいはアステリスクをつける「Bürger*in」が使われ始めています。また動詞の現在分詞形をつかう動きもあります。学生が男性なら Student、女性ならば Studentin ですが、「Studierende 学業中の人」と言えば男女を含む表現になり、Wählerin – Wähler に代えて「Wählende 投票する人たち」という言い方が好まれるようになってきています。

✦ 練習問題 •••

1. 以下の形容詞に接尾辞（-keit, -heit, -igkeit）をつけて名詞にしてください。定冠詞もつけてください。

(1) ewig   ------------------   (2) frei   ------------------

(3) müde   ------------------   (4) faul   ------------------

(5) handfest   ------------------   (6) arbeitslos   ------------------

(7) einsam   ------------------

2. 以下の動詞に接尾辞（-nis, -ung, -tum）をつけて名詞にしてください。定冠詞もつけてください。

(1) achten   ------------------   (2) melden   ------------------

(3) erleben   ------------------   (4) erfahren   ------------------

(5) wachsen   ------------------   (6) landen   ------------------

(7) irren   ------------------   (8) ergeben   ------------------

(9) besitzen   ------------------   (10) erlauben   ------------------

3. 人を表す名詞に接尾辞 -schaft, -tum がつくと、集合を意味する名詞が派生します。適切な接尾辞をつけて派生語を作り、意味も記入してください。

(1) Kunde 顧客   ---------------   (2) Nachbar 隣人   ---------------

(3) Wähler 有権者   ---------------   (4) Freund 友人   ---------------

(5) Partner パートナー   ---------------   (6) Christ(en) キリスト教徒   ---------------

(7) König 王   ---------------   (8) Volk 民衆・民族   ---------------

4. 以下の動詞を文意に合うように名詞化してください。

(1) fliegen: Flug – Flieger

Der erste _____ nach Tokio geht um 6:30.

東京行きの最初の便は 6 時 30 分だ。

Während des _____ soll man den Sicherheitsgurt anlegen.

飛行中は安全ベルトを締めていた方がよい。

(2) helfen: Hilfe – Helfer

Er war ein freiwilliger _____ bei den Ärzten ohne Grenzen.

彼は国境なき医師団に属するボランティアのヘルパーだった。

Die Organisation, die 1999 den Nobelfriedenspreis erhielt, leistet humanitäre

_____.

1999 年にノーベル平和賞を受賞したこの組織は人道支援を行っている。

(3) schließen: Schluss – Schließung

Zum _____ meines Vortrags möchte ich folgendes betonen.

話の最後に私は以下のことを強調しておきたいと思います。

Die _____ der kleinen privaten Läden wirkt sich negativ auf die Verbraucher.

小さな個人商店の閉店は消費者にとってマイナスとなる。

【解答】

1. (1) die Ewigkeit 永遠 (2) die Freiheit 自由 (3) die Müdigkeit 眠気 (4) die Faulheit 怠惰 (5) die Handfestigkeit 手並みの良さ (6) die Arbeitslosigkeit 失業 (7) die Einsamkeit 孤独

2. (1) die Achtung 注意、尊重 (2) die Meldung 報告 (3) das Erlebnis 経験（起こった出来事の）(4) die Erfahrung 経験（出来事の際の感情、習得）(5) das Wachstum 成長 (6) die Landung 着陸 (7) das Irrtum 誤り、思い違い (8) das Ergebnis 結果 (9) das Besitztum / die Besitzung 所有物 (10) die Erlaubnis 許可

3. (1) Kundschaft 顧客層 (2) Nachbarschaft となり近所 (3) Wählerschaft 有権者層 (4) Freundschaft 交友関係、友情 (5) Partnerschaft パートナーシップ (6) Christentum キリスト教 (7) Königtum 王政・王国 (8) Volkstum 民族性

4. (1) Flieger, Flugs (2) Helfer, Hilfe (3) Schluss, Schließung

3. 動詞化 Verbalisierung

名詞・形容詞を動詞 Verben に変えることを動詞化 Verbalisierung と言います。ドイツ語の動詞語尾は基本的には「en」なので、これをつけることによって動詞に変わりますが、以下のようなヴァリエーションがあります。

(1) -(e)n, -(e)ln, -igen をつける

その語に関わる動詞になります。

-(e)n：基本語に関わる動作を意味します。

基本語		+ (e)n	
Salz	塩	sal**zen**	塩を入れる
Zucker	砂糖	zucker**n**	砂糖を入れる
Loch	穴	loch**en**	穴をあける

-eln：軽く、ほほえましく感じる際に用います。

基本語		+ eln	
Stich	針（目）	stich**eln**	（チクチクと）あてこする
Stück	断片、切れ端	stück**eln**	継ぎ接ぎして作る
Spott	嘲笑	spött**eln***	ちょっとからかう

-igen：基本語の状態になることを表します。

基本語		+ igen	
Angst	不安	ängst**igen***	不安にする
rein	清潔な	rein**igen**	清掃する
fest	固い、丈夫な	fest**igen**	強固にする

＊語幹の母音がウムラウトになります。

接頭辞 be, er, ver と動詞語尾 -en をつけることによって、基本語の状態へと変化する（させる）ことを意味する動詞が派生します。25ページも参照してください。

be - 基本語 -en

単語		be ＋単語＋ en	
ruhig	静かな、落ち着いた	**be**ruhigen	鎮める
unruhig	落ち着かない	**be**unruhigen	不安定にする
Auftrag	委託	**be**auftragen	委託する、委任する
Freund	友人	**be**freunden	友達にする、なる

- Seine Worte konnten mich **beruhigen**.　彼の言葉は私を落ち着かせた。
- Ich bin nun **ruhig**.　　　　　　　　　今、私は落ち着いた気分でいる。

er - 基本語 -en

単語		er ＋基本語＋ en	
krank	病気の	**er**kranken	罹患する
blind	目の見えない	**er**blinden	失明する
klar	明らかな	**er**klären*	説明する
schwer	困難な	**er**schweren	困難にする

＊語幹の母音がウムラウトになります。

- Er war durch seine Erkrankung **erblindet**.　彼は病気のために失明した。
- Er ist nun **blind**.　　　　　　　　　　　　彼は今盲目である。

ver- 基本語 -en

単語		ver ＋単語＋ en	
breit	幅のある、広い	**ver**breiten	広める
langsam	ゆっくりの	**ver**langsamen	速度をおとす
dunkel	暗い	**ver**dunkeln	遮光して暗くする
Kalk	石灰	**ver**kalken	石灰化（動脈が硬化）する

- Für die Powerpoint Präsentation musste man den Raum **verdunkeln**.
  パワーポイントのプレゼンのために室内を暗くする必要があった。
- Es ist nun **dunkel** im Raum.　室内は今暗い。

(2) -ieren, -isieren をつける

-ieren：典型的な外来語語尾です。外来の名詞・形容詞の後についてこれを動詞
化します。従来ドイツ語（比較的早く流入した語）を動詞化することもあります。

単語		+ ieren	
Lack	ラッカー、ネイルカラー	lack**ieren**	ラッカー、マニキュアを塗る
Export	輸出	export**ieren**	輸出する
Telefon	電話	telefon**ieren**	電話で話す
Training	トレーニング	train**ieren**	トレーニングする

-isieren：基本語の状態へと変化させることを表します。

基本語		+ isieren	
Alphabet	アルファベット	alphabet**isieren**	ABC順に並べる、読み書きを教える
Automat	自動機（械）	automat**isieren**	自動化する
Demokratie	デモクラシー	demokrat**isieren**	民主化する
aktual	アクチュアルな	aktual**isieren**	更新する

💬 ところで

　動詞化のルールを知っていて役立つのは、ここから多くの新語ができるからです。
次々に登場する新語はこれに依拠しています。学術文、メディアには、従来ドイツ
語にはなかった新しい動詞が頻繁に見られます。
　-ieren はラテン語、-isieren は古フランス語に由来する動詞語尾です。例えば、古
くからある名詞 Programm は「番組、スケジュール」を意味しますが、これに接尾
辞 -ieren をつけて動詞化すると、新しい言葉「programmieren プログラミングす
る」になります。同様に「Alkohol アルコール」もずっとある名詞ですが、変化を意
味する接尾辞 -isieren をつけると、行政・専門用語 alkoholisieren になり、飲酒に
よる健康障害、アルコール依存症になることを表します。「betrunken 酔っぱらった」
も同じくアルコール摂取にともなう変化ですが、少し違います。「Ich war gestern
betrunken 昨日は酔っぱらってしまった」と言うべきところを、冗談として「Ich
war gestern alkoholisiert 昨日はアルコール障害が出てしまった」と言ったりするこ
ともあります。

また従来ドイツ語の語尾 -en を利用する造語も数多くあります。特にインターネット関連の新語はこのタイプです。「グーグル検索をする」、「スカイプする」、「ダウンロードする」など、日本語では動詞語尾「する」をつけて言葉を作っています。ドイツ語の場合は語尾 -en をつけて作ります。（変形として -n や -eln もあります）

単語	＋接尾辞	
Google	googeln	グーグル検索をする（ググる）
Skype	skypen	スカイプで話をする
Twitter	twittern	（ツイッターで）ツイートする
download	downloaden	ダウンロードする

これら新語も在来のドイツ語文法に則って変化します。

Ich skype.	私はスカイプする。
Wir skypen.	私たちはスカイプする。
Wir haben geskypt.	私たちはスカイプした。

　しかしそもそもがドイツ語ではないので問題も生じます。ドイツ語には分離動詞と非分離動詞があります。分離動詞「anrufen 電話する」の場合は、Ich rufe dich morgen an.（私は明日君に電話する）、Ich habe gestern angerufen.（私は昨日君に電話した）となり、非分離動詞「frühstücken 朝食を摂る」の場合は、Ich frühstücke jeden morgen.（私は毎朝朝食を摂る）、Ich habe heute nicht gefrühstückt.（私は今日朝食を摂らなかった）となります。

　それでは、英語「download ダウンロード」から作られた動詞「downloaden ダウンロードする」の場合はどうなるでしょうか。これは分離動詞なのでしょうか、非分離動詞なのでしょうか。この言葉が出始めた頃、ドイツの友達に「downloaden は分離するの？」と聞いたことがあるのですが、答えは人により様々でした。しかし、2013 年度版の『Duden』（ドイツ語正書法を定める辞書）では、現在形は非分離動詞扱いであるのに対して、現在完了形は分離動詞扱いになっています。

　Ich downloade.（分離動詞なら Ich loade down）
　Ich habe downgeloadet.（非分離動詞なら Ich habe gedownloadet）

　そして欄外には「この言葉は本来は英語なので時制変化に関しては不自然な形になる。できるだけ herunterladen（在来ドイツ語）を使うように」という但し書きが

ついています。

　このようにしばらく時がたった単語に関しては、統一正書法ができ始めています
が、造語されたばかりの新語にはルールがまだありません。「いいね！をつける」は、
英語「like」にドイツ語動詞語尾をつけて「liken」と言います。英語由来なので英語
読みになり「ライケン」と発音しますが、文法上はドイツ語の変化になります。そ
うすると完了形はどうなるのでしょう。3つ可能性があります。強変化動詞とみなす
と「liken – likte – gelikt」となり、弱変化動詞とみなすと「liken – likete – gelik<u>et</u>」
です。元が英語なので「gelik<u>ed</u>」だという人もいるようです。
　このような英語ともドイツ語ともつかないような言葉を「Denglisch」と言います。
「Deutsch」と「Englisch」の合わさったものですが、これもまた最近登場した新語
です。

◆ 練習問題 ●●●

1. 以下の名詞に語尾（-(e)n, -igen, -ieren, -isieren）をつけて、名詞に関する動詞
　を派生させてください。

(1) Salz　　塩　　................　　(2) Angst　　不安　　................

(3) Kasse　　レジ　　................　　(4) Europa　欧州　　................

(5) Telefon　電話　　................　　(6) Meister　親方　　................

(7) Tabu　　タブー　................　　(8) Demut　謙遜　　................

2. 以下の形容詞を動詞に変えて、文を完成してください。

> lustig　fest　frei　fremd　gleich　richtig　sanft　schön

(1) Dieser Witz .... einige Menschen, während er andere Menschen
　ärgert.

　そうした冗談は一部の人を楽しませる一方で、他の人を怒らせる。

(2) Wir müssen diesen Irrtum ....

　我々はこの誤りを正さなければならない。

(3) Es ist schwer, sich von alten Vorurteilen zu ....

　古い偏見から自由になるのは難しい。

(4) Ein solcher Fehler lässt sich durch nichts _____ .

そのような誤りは何によってでも、言い繕うことはできない。

(5) Der Koffer war schlecht _____ und ist vom Autodach gefallen.

トランクはきちんと括り付けられていなかったので、車の屋根から落ちてしまった。

(6) Es gelang den Polizisten kaum, die aufgebrachten Menschen zu _____ .

警官は憤激する人々をなだめることはできなかった。

(7) Ich muss ehrlich sagen, ihr Verhalten _____ mich.

正直いって、あなたの振舞いは奇異に思えます。

(8) Ich möchte meine Rechnung _____ .

請求書の支払いをしたいと思います。

3. 以下の意味をもつ外来語由来の動詞を記入してください。

(1) Kandidat　　候補者　　→ 立候補する　　　　　_____

(2) Differenz　　相違　　→ 差異化する　　　　　_____

(3) Signal　合図、シグナル　→ 合図する、ほのめかす　_____

(4) Symbol　　象徴　　→ 象徴する　　　　　_____

(5) Information　情報　　→ 情報を与える　　　　_____

(6) Organisation　組織　　→ 組織化する　　　　　_____

(7) Diskussion　　討論　　→ 討論する　　　　　_____

(8) Kritik　　批判　　→ 批判する　　　　　_____

【解答】

1. (1) salzen (2) ängstigen (3) kassieren (4) europäisieren (5) telefonieren (6) meistern
(7) tabuisieren (8) demütigen

2. (1) belustigt (2) berichtigen (3) befreien (4) beschönigen (5) befestigt
(6) besänftigen (7) befremdet (8) begleichen

3. (1) kandidieren (2) differenzieren (3) signalisieren (4) symbolisieren
(5) informieren (6) organisieren (7) diskutieren (8) kritisieren

III 複合語 Komposita

これまで「単語」と単語未満の「音節」との組み合わせを説明してきました。さらに独立した単語同士がつながって、単一単語になることもあります。単語を複合すること、複合してできた語を複合語 Komposita（単数形 Kompositum）と言い、複合形容詞、複合動詞、複合名詞があります。

1. 複合形容詞 Adjektivkomposita

基本形容詞に別の言葉を加えることによって、より詳細に表現する複合形容詞 Adjektivkomposita ができます。

(1) 形容詞＋形容詞

形容詞に、さらに別の形容詞を加えて修飾します。

加わる形容詞		基本形容詞		複合形容詞	
dunkel	暗い	rot	赤い	dunkelrot	暗い赤の
hell	明るい			hellrot	明るい赤の
blau	青い	grün	緑の	blaugrün	青みがかった緑の
nass	湿気を帯びた	kalt	冷たい	nasskalt	じめじめと寒い

形容詞に、別の形容詞を加えて強調します。どのような強調形容詞がつくかは定まっています。

強調する形容詞		基本形容詞		複合形容詞	
hoch	高い	interessant	興味深い	hochinteressant	きわめて興味深い
		intellektuell	知性的な	hochintellektuell	非常に知性的な
bitter	苦い	arm	貧乏な	bitterarm	極貧の
tief	深い	traurig	悲しい	tieftraurig	とても悲しい

(2) 動詞＋形容詞

形容詞を動詞で修飾します。どのような行動・行為に関してかを表現します。

動詞		基本形容詞		複合形容詞	
wissen	知る	wert	価値がある	wissenswert	知るに値する
beachten	注目する			beachtenswert	注目に値する
glauben	信ずる	würdig	品位ある、	glaubwürdig	信用できる
			ふさわしい		（信じるにふさわしい）
fragen	問う			fragwürdig	疑わしい
					（疑問に思うにふさわしい）
schreiben	書く	faul	怠惰な	schreibfaul	筆不精な
rutschen	滑る	fest	確かな	rutschfest	滑り止めのついた
fahren	運転する	tüchtig	有能な	fahrtüchtig	運転能力のある、
					運行可能な
denken	考える	fähig	能力がある	denkfähig	思考力のある

💬 **ところで**

wert と würdig はよく似た意味です。前者は名詞「Wert 価値」に由来し、該当動詞をする価値があることを意味します。後者は「Würde 尊厳」に由来し、「価値がある」（wert と同じ）の他に、「～に相当する、～の謂れがある、当然だ」の意味があります。よく似た接尾辞に wertig があり、これは Wert に形容詞化接尾辞 -ig がついたものです。例えば形容詞「hoch 高い」について「hochwertig 高品質の」という複合形容詞を作ります。この単語は宣伝の謳い文句によく登場します。

(3) 名詞＋形容詞

基本形容詞を「～のように」と名詞を挙げて修飾します。

修飾する名詞		基本形容詞		複合形容詞	
Wein	ワイン	rot	赤い	weinrot	ワインレッドの
Stahl	鋼鉄	hart	硬い	stahlhart	鉄のように硬い
Eis	氷	kalt	冷たい	eiskalt	凍るように冷たい

基本形容詞が何に対してそうなのか、対象を示す名詞がつきます。

名詞		基本形容詞		複合形容詞	
Gast	客（に対し）	freundlich	友好的な	gastfreundlich	もてなしの良い
Umwelt	環境（に対し）			umweltfreundlich	環境にやさしい

Welt 世界（のことを）	fremd よく知らない	weltfremd 世間離れした
Ort　土地（のことを）		ortsfremd 土地のことをよく知らな
		い、住んでいない
Gesundheit	bewusst 意識的な	gesundheitsbewusst
健康（のことを）		健康に配慮した

　名詞と結びついてできる複合形容詞は、きわめて多数あります。とりわけ以下の形容詞（形容詞語単位）はさまざまな名詞と結びつく、造語力の高い形容詞です。

-artig, -mäßig, -ähnlich：語源は「Art 仕方」「Maß 尺度」「ähnlich 類似した」です。「その名詞のような、見合った」という意味を表します。-mäßig については、38 ページ（接尾辞）も参照してください。

名詞	＋形容詞	複合形容詞
Blitz　　稲妻	artig	blitz**artig**　　突然の、不意の
Zweck　目的	mäßig　適度の	zweck**mäßig** 目的に見合った
Mensch(en) 人間	ähnlich 似ている	menschen**ähnlich** 人間に似た

-fähig 能力ある、-tüchtig 有能な、-tauglich 役立つ：その名詞をすることができる、その名詞に役立つという意味を表します。

名詞	＋形容詞	複合形容詞
Zahlung　支払い	fähig	zahlungs**fähig**　　支払い能力のある
Funktion　機能	tüchtig	funktions**tüchtig** 機能性のある
Wetter　　天候	tauglich	wetter**tauglich**　　全天候型の

-feindlich 敵対的な、-kritisch 批判的な、-schädlich 有害な、-widrig 阻害する：その名詞へのネガティブな状態を表現します。

名詞	＋形容詞	複合形容詞
Ausländer　外国人	feindlich	ausländer**feindlich**　外国人排斥的な
Gesellschaft 社会	kritisch	gesellschafts**kritisch**　社会批判的な
Gesundheit 健康	schädlich	gesundheits**schädlich** 健康に有害な
Ordnung　秩序	widrig	ordnungs**widrig**　　法秩序に反する

　上記の形容詞は、話者が任意に組み合わせて複合形容詞をつくってかまいません。それに対して、慣用として定まっている組合せもあります。こうした定まった組合せは歴史や文化と密接に結びついたものです。形容詞 kalt を基本とする複合形容詞でも、「eiskalt（Eis 氷＋ kalt 冷たい）氷のように冷たい」は容易に想像できますが、「saukalt（Sau 豚＋ kalt 寒い）」は直訳すると「豚のように寒い」となり、理屈では理解できません。前近代において、豚飼育は農民の生活には欠かせないものでした。そのためドイツ語では「豚」を使う言いまわしが数限りなくあり、日常会話で頻繁に使われます。例えば、話者が法外に高価だと思う場合、日本語では「目の玉が飛び出るほど高い」と言いますが、ドイツ語では「sauteuer（Sau 豚＋ teuer 高い）直訳：豚のように高い」と言います。話がそれますが、「幸運を手に入れた、ラッキーだった」という時は「Ich habe Schwein gehabt. 豚を手に入れた」と言い、豚は幸運のシンボルでもあります。

　　強調の複合形容詞、動物を使った言いまわし

　　　heiß 暑い　→ affenheiß 非常に暑い：Affe 猿＋ heiß（直訳：猿みたいに暑い）

　　　müde 眠い → hundemüde ひどく眠い：Hund 犬＋ müde（直訳：犬みたいに眠い）

　　　tot 疲れた　→ mausetot 疲れ切った：Maus 鼠＋ tot（直訳：鼠みたいに疲れている）

✦ 練習問題 ●●●

1. 以下の形容詞を名詞で修飾すると、どのような複合形容詞ができますか。

基礎形容詞	名詞	複合形容詞
(1) freundlich 友好的な	Gast 客	----------------------------
(2) feindlich 敵対的な	Gesellschaft 社会	----------------------------
(3) bewusst 意識のある	Verantwortung 責任	----------------------------
(4) bereit 用意のある	Kompromiss 妥協	----------------------------
(5) fähig 能力のある	Funktion 機能	----------------------------

2. 以下の形容詞を動詞で修飾すると、どのような複合形容詞ができますか。

基礎形容詞	動詞	複合形容詞
(1) wert 価値がある	empfehlen 推薦する	----------------------------
(2) würdig 値する	lieben 愛する	----------------------------

(3) freudig 楽しげな   spendieren 寄贈する   ------------------------------

(4) fähig 能力がある   lernen 学ぶ   ------------------------------

(5) faul 怠惰な   schreiben 書く   ------------------------------

(6) fest しっかりした   reißen 破れる   ------------------------------

3. 以下の形容詞を他の形容詞で修飾すると、どのような複合形容詞ができますか。

基礎形容詞	修飾語	複合形容詞
(1) braun 茶色の	hell 明るい	------------------------------
(2) grau 灰色の	dunkel 暗い	------------------------------
(3) rot 赤い	knallen 照りつける	------------------------------
(4) grün 緑の	gelb 黄色の	------------------------------
(5) grün 緑の	Oliven/oliv オリーブ	------------------------------
(6) blau 青い	Himmel 空	------------------------------
(7) scharf 鋭い	Messer 包丁	------------------------------
(8) hart 硬い	Stein 石	------------------------------

【解答】

1. (1) gastfreundlich もてなしの良い (2) gesellschaftsfeindlich 社会に敵対的な (3) verantwortungsbewusst 責任感のある (4) kompromissbereit 妥協の用意がある (5) funktionsfähig 機能性に富んだ

2. (1) empfehlenswert お勧めの (2) liebenswürdig 愛すべき (3) spendierfreudig 気前の良い (4) lernfähig 学習能力のある (5) schreibfaul 筆不精な (6) reißfest 破れにくい

3. (1) hellbraun 淡褐色の (2) dunkelgrau ダークグレイの (3) knallrot 真っ赤な (4) gelbgrün 黄緑色の (5) olivgrün オリーブグリーンの (6) himmelblau 空色の、水色の (7) messerscharf きわめて鋭い (8) steinhart 石のように硬い

●●

2. 複合動詞 Verbalkomposita

　複合動詞 Verbalkomposita は、基本動詞に他の単語を付け加えてできます。「nehmen とる」、「geben 与える」などの幅広い概念の動詞に具体的な意味を付与します。

(1) 名詞＋動詞

名詞	動詞	複合動詞
Teil　部分	nehmen　とる	teilnehmen　参加する
Heim　住まい	fahren　走行する	heimfahren　帰郷（帰宅）する
Staub　埃	saugen　吸う	staubsaugen　掃除機をかける
Hand　手	arbeiten　働く	handarbeiten　手仕事をする

(2) 副詞＋動詞

副詞	動詞	複合動詞
groß　大きく	ziehen　引く	großziehen　育てる（大きくする）
	machen　する	großmachen　偉そうな顔をする
schön　美しく	schreiben　書く	schönschreiben　きれいな字を書く
	reden　語る	schönreden　おもねる、美辞麗句を言う
quer / schief　斜めに	gehen　行く	quergehen／schiefgehen　うまくいかない
nahe　近くに	legen　置く	nahelegen　熱心に勧める

> 💬 **ところで**
> 複合動詞に使われる副詞は、比喩的な意味になる場合が多いです。小文字で書くことは、最新の正書法では「klein schreiben」と分けて書くようになりました。それに対して「kleinreden」は複合して一語になります。これは物理的な大きさではなくて、「事態の意味を過小評価する、軽くあしらう」という意味です。

✦ **練習問題** ●●●

1. 基本動詞と副詞を組み合わせると、どのような複合動詞が派生しますか。

副詞・形容詞	基本動詞	複合動詞
(1) klein 小さく	machen する・作る	------------------------------
(2) schön 美しく	reden 語る	------------------------------
(3) wahr 本当に、真に	sagen 言う	------------------------------
(4) wahr 本当に、真に	nehmen とる	------------------------------
(5) schwer 重く	fallen 落ちる	------------------------------
(6) hoch 高く	rechnen 計算する	------------------------------

2. 以下の基本動詞を名詞・副詞と組み合わせて複合動詞を作ってください。それ
ぞれ結びつかない語がひとつあります。

(1) nehmen

Teil .... hoch .... vorweg ....

klein .... zurück ....

(2) geben

Preis .... Ort .... zufrieden ....

zurück ....

(3) haben

Hand .... Ohr .... satt ....

wahr .... voraus ....

(4) legen

fern .... lahm .... zusammen ....

still .... nieder ....

(5) stellen

bloß .... fertig .... zusammen ....

sicher .... falsch ....

【解答】

1. (1) kleinmachen お金をくずす、見下す (2) schönreden おもねる、美辞麗句を言う (3) wahrsagen 占う (4) wahrnehmen 感じる、気づく (5) schwerfallen （なかなか）しづらい (6) hochrechnen 推計する、算出する

2. (1) teilnehmen 参加する／hochnehmen 持ち上げる、たくし上げる／
vorwegnehmen 先回りする／（klein）×／zurücknehmen 引っ込める、撤回する

(2) preisgeben （危険などに）さらす、放棄する、漏らす／（Ort）×／
zufriedengeben 満足するものとして受け入れる／zurückgeben 返す

(3) handhaben 手掛ける、操る／（Ohr）×／satthaben うんざりする／wahrhaben （認めたくないことを）認める／voraushaben （他の人にないものを）持っている

(4)（fern）×／lahmlegen 麻痺させる／zusammenlegen 折りたたむ／stilllegen 停止させる、止める／niederlegen 下に置く、（仕事を）辞める

(5) bloßstellen さらけ出す／fertigstellen 仕上げる、完成させる／zusammenstellen まとめておく、まとめる／sicherstellen 確保する／（falsch）×

••

3. 複合名詞 Nomenkomposita

基本名詞に、これを説明する単語がついて一語になったものを複合名詞 Nomenkomposita と言います。

(1) 形容詞＋名詞

形容詞		名詞		複合名詞	
neu	新しい	Jahr	年	Neujahr	新年
alt	古い	Papier	紙	Altpapier	古紙
hoch	高い	Haus	家	Hochhaus	高層建築物
frisch	新鮮な	Waren	商品	Frischwaren	生鮮食料品

> 💬 **ところで**
>
> 名詞を形容詞で修飾するのは通常のことですが、複合語になると微妙に意味が変化します。「Neujahr 新年」は「新しい」「年」ですが、「Großvater 祖父」は必ずしも「groß 背が高い」わけではありません。形容詞「tief 深い」も、「Tiefgarage 地下駐車場」のように、「Garage ガレージ」と結びつくと位置的上下ですが、「Kühlschrank 冷蔵庫」と結びつくと温度的上下「Tiefkühlschrank 冷凍庫」になります。

(2) 動詞＋名詞

基本名詞が何をするためのものなのかを、動詞で修飾します。

動詞		名詞		複合名詞	
schlafen	寝る	Zimmer	部屋	Schlafzimmer	寝室
lesen	読む	Saal	広間	Lesesaal	閲覧室
suchen	探す	Maschine	機械	Suchmaschine	検索エンジン
waschen	洗う			Waschmaschine	洗濯機
lernen	学ぶ	Material	材料	Lernmaterial	教材

(3) 名詞＋名詞

複数の名詞が結びついて単一の単語になるのは、ドイツ語のもっともドイツ語らしいところです。

das Haus 家

das Haus 家 + die Tür ドア　　= die Haustür 家のドア

das Haus 家 + die Tür ドア + der Schlüssel 鍵

　　　　　　　　　　 = der Haustürschlüssel 家のドアの鍵

die Stadt 都市

die Stadt 都市 + der Bus バス　= der Stadtbus（都）市バス

die Stadt 都市 + der Bus バス + die Fahrer 運転手たち

　　　　　　　　　　 = die Stadtbusfahrer 市バス運転手

die Stadt 都市 + der Bus バス + die Fahrer 運転手たち + der Verband 同盟

　　　　　　　　　　 = der Stadtbusfahrerverband 市バス運転手同盟

　上のように複数の名詞が結びついて単一単語になる場合、その基礎は最終単語です。したがって複合語の性は最後の名詞に依拠します。前にある語は最終語を修飾するためものだと考えるからです。「der Stadtbus 市バス」はバスのタイプで、「die Stadt 都市」が「der Bus バス」を修飾しています。「die Stadtbusfahrer」になると「der Stadtbus 市バス」が「die Fahrer 運転手たち」の修飾語になります。

　したがって、組み合わせの順番がかわると意味が変わります。

- Gemüse 野菜 + Suppe スープ

　　die Gemüsesuppe　　　野菜スープ

　　die Suppengemüse　　　スープ用の野菜

- Geld お金 + Tasche ポケット、バッグ

　　die Geldtasche　　　　財布（お金を入れるバッグ）

　　das Taschengeld　　　　小遣い（ポケットに入れるお金）

　さらに、基本単語は何と結びつくかでも意味が変わります。例えば Spiegel という単語は単独で用いられる場合「鏡」を意味することが多いです。しかし他の単語と複合すると以下のように意味が変わっていきます。

　　der Wandspiegel　　　　壁掛け鏡

　　der Meeresspiegel　　　海抜（水の表面）

　　der Blutzuckerspiegel　血糖値（濃度）

ドイツ語の長い単語として真っ先にあげられるのが「ドナウ川蒸気船航行会社 Donau/dampf/schiff/fahrts/gesellschaft」です。これは 1829 年に創立され 1991 年まで存在していた航行会社の名前で、このそもそもが長い社名を基にする長い複合名詞には多くのヴァリエーションがあります。

＋船長 Donau/dampf/schiff/fahrts/gesellschafts ＋ kapitän

＋船長の未亡人 Donau/dampf/schiff/fahrts/gesellschafts ＋ kapitäns ＋ witwe

などと際限なく長くなり、ギネスブックに載っている最長単語は 79 字（正書法改正以降は 80 字）だそうです。しかし今日では日常において、3 語以上を組み合わせた長い単語が使われることはほぼありません。

✦ 練習問題 ••

1. 以下の形容詞と名詞を結びつけて、複合名詞をつくってください。

	形容詞	名詞	複合名詞
(1)	groß 大きい	die Mutter 母	--------------------------
(2)	klein 小さい	das Unternehmen 企業	--------------------------
(3)	alt 古い	die Stadt 街	--------------------------
(4)	neu 新しい	der Bau 建物	--------------------------
(5)	leicht 軽い	die Athletik 運動競技	--------------------------
(6)	schwer 重い	die Kraft 力	--------------------------
(7)	hoch 高い	der Mut 勇気	--------------------------
(8)	tief 深い	die Garage ガレージ	--------------------------

2. 以下の 2 つの名詞を結びつけて、複合名詞をつくってください。

	名詞 1	名詞 2	複合名詞
(1)	der Kopf 頭	das Kissen クッション	--------------------------
(2)	die Hand 手	die Tuch 布	--------------------------
(3)	der Zahn 歯	die Bürste ブラシ	--------------------------
(4)	das Haus 家	das Tier 動物	--------------------------
(5)	das Klima 気候	der Wandel 変化	--------------------------
(6)	die Umwelt 環境	der Schutz 保護	--------------------------
(7)	das Plastik プラスチック	die Tüte 袋	--------------------------

(8) die Luft 空気　　　　die Verschmutzung 汚染　------------------------------

(9) das Treibhaus 温室　　das Gas ガス　------------------------------

3. 以下の 2 語を結びつけて、複合名詞をつくってください。

	動詞	名詞	複合名詞
(1)	wohnen 住む	das Zimmer 部屋	------------------------------
(2)	speisen 食事する	das Salz 塩	------------------------------
(3)	bauen 建設する	der Platz 場所	------------------------------
(4)	parken 駐車する	das Verbot 禁止	------------------------------
(5)	der Verkehr 交通	die Regeln 規則	------------------------------
(6)	der Mann 男	die Stimme 声	------------------------------
(7)	die Gruppe グループ	die Reise 旅行	------------------------------
(8)	die Schule 学校	der Leiter 指導者	------------------------------
(9)	die Konzert コンサート	die Karte カード	------------------------------
(10)	der Eintritt 入場	die Karte カード	------------------------------
(11)	melden 報告する	die Pflicht 義務	------------------------------
(12)	die Arbeit 労働	der Markt 市場	------------------------------

4. 以下の複合名詞はどこで区切ることができますか。どのような意味ですか。

(1) Armbanduhr　　　　　　　　(2) Mindesthaltbarkeitsdatum

(3) Nichtregierungsorganisation　　(4) Krankenversicherungsbeitrag

【解答】

1. (1) die Großmutter 祖母　(2) das Kleinunternehmen 小規模企業　(3) die Altstadt 旧市街
(4) der Neubau 新築　(5) die Leichtathletik 陸上競技　(6) die Schwerkraft 重力
(7) der Hochmut 高慢　(8) die Tiefgarage 地下駐車場

2. (1) das Kopfkissen 枕　(2) die Handtuch タオル　(3) die Zahnbürste 歯ブラシ
(4) das Haustier ペット　(5) der Klimawandel 気候変動　(6) der Umweltschutz 環境保護
(7) die Plastiktüte ビニール袋　(8) die Luftverschmutzung 大気汚染
(9) das Treibhausgas 温室効果ガス

3. (1) das Wohnzimmer 居間　(2) das Speisesalz 食塩　(3) der Bauplatz 建設現場
(4) das Parkverbot 駐車禁止　(5) die Verkehrsregeln 交通規則

(6) die Männerstimme 男声　(7) die Gruppenreise 団体旅行　(8) der Schulleiter 校長

(9) die Konzertkarte コンサートのチケット　(10) die Eintrittskarte 入場券

(11) die Meldepflicht 申告義務　(12) der Arbeitsmarkt 労働市場

4. (1) Arm / band / uhr 腕時計

(2) Mindest / haltbarkeits / datum 賞味期限

(3) Nicht / regierungs / organisation 非政府団体（NGO）

(4) Kranken / versicherungs / beitrag（国民）健康保険料

<!-- ●●● -->

4. 単語複合の仕方：接合音

　単語と単語が複合して複合語ができる場合、複合の仕方にはいくつかのタイプがあります。複合に際して変化が生ずる場合、変わるのは前の単語のみで、後続する単語には変化は生じません。前単語の変化は、形から捉えると以下のようになります。また、単語と接尾辞とのつながり方にも同様の種類があります。

　これはドイツ語を母語とする人々の発話慣習です。文法的説明は後から言語学者たちが付け加えたもので、慣習をすべて網羅する理論はありません。外国語として学習するならば、長い複合語を見たとき、これは複合のために入っている音で、ここで単語が前後に分かれるのだ、ということが認識できればよいと思います。使いこなせるようになる必要はありません。日常会話においても、接合音は飲み込むように不明瞭に発音されます。

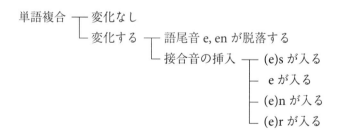

(1) 変化しない

　前単語に何の変化も生じません。脱落も挿入もなく、完全な形で次単語と結合します。

Telefon 電話 ＋ Nummer 番号　　＝ Telefonnummer 電話番号

Wetter 天気 ＋ Vorhersage 予報　＝ Wettervorhersage 天気予報

(2) 変化する

• en の脱落

動詞が他の単語ないし接尾辞と複合する場合には、動詞の語幹のみになります。形としては en が脱落することになります。

 schlaf<u>en</u> 寝る＋ Zimmer 部屋 = Schlafzimmer 寝室
 glaub<u>en</u> 信ずる＋ würdig 値する = glaubwürdig 信憑性のある

• e の脱落

複合の際に最後の e が脱落します。

 End<u>e</u> 終わり＋ Ziel 目的   = Endziel 最終目標
 Woll<u>e</u> 羊毛の＋ Pullover セーター = Wollpullover ウールのセーター

• (e)s の挿入

あいだに接合音 (e)s が入ります。S 系の音は、最も頻度の高い接合音です。文法上の決まりはありませんが、以下の条件があります。

特定の接尾辞で終わる場合には s が入ります。

 -heit: Sicherheit 安全＋ Maßnahme 対策 = Sicherheit<u>s</u>maßnahme 安全対策
    Gewohnheit 慣習＋ Recht 法律 = Gewohnheit<u>s</u>recht 慣習法

 -keit: Tätigkeit 活動＋ Bereich 領域 = Tätigkeit<u>s</u>bereich 活動領域
    Ewigkeit 永遠＋ symbol 象徴 = Ewigkeit<u>s</u>symbol 永遠性の象徴

 -ität: Humanität 人間性＋ Prinzip 原則 = Humanität<u>s</u>prinzip 人道主義の原則
    Universität 大学＋ Bibliothek 図書館 = Universität<u>s</u>bibliothek 大学図書館

 -schaft: Gellschaft 社会＋ Ordnung 秩序 = Gellschaft<u>s</u>ordnung 社会秩序
    Landschaft 風景＋ Malerei 絵画 = Landschaft<u>s</u>malerei 風景画

 -ung: Öffnung 開くこと＋ Zeit 時間 = Öffnung<u>s</u>zeit 営業時間
    Rettung 救助＋ Wagen 自動車 = Rettung<u>s</u>wagen 救急車

 -ling: Zwilling 双子＋ Bruder 兄弟 = Zwilling<u>s</u>bruder 双子の兄弟
    Flüchtling 難民＋ Heim 家 = Flüchtling<u>s</u>heim 難民施設

 -tum: Eigentum 所有物＋ Wohnung 住居 = Eigentum<u>s</u>wohnung 分譲住宅
    Datum 日付＋ Anzeige 表示 = Datum<u>s</u>anzeige 日付表示

-ion:　Diskussion 討論 ＋ Thema テーマ　＝ Diskussionsthema 論題

　　　　Aktion 行動 ＋ Preis 価格　　　　＝ Aktionspreis セール価格

　前の語が中性名詞ないし男性名詞で、複合しない場合に 2 格が用いられるような場合には、2 格の形として (e)s が入ります。

　　Zeichen des Verkehrs 交通の印　　　＝ Verkehrszeichen 道路標識

　　Objekt des Versuchs 実験の対象物　　＝ Versuchsobjekt 被験物

　　Bank des Bundes 連邦の銀行　　　　＝ Bundesbank ドイツ連邦銀行

　　Regierung des Landes 州の政府　　　＝ Landesregierung 州政府

• e の挿入

　あいだに接合音 e が入ります。動詞が他の語と結びつく際には通常語幹のみ（語尾 en の脱落）になります。しかし動詞によっては最後の音 n のみが脱落するものもあります。この場合には en が脱落した後に e が接合音として入ったと説明されます。

　　warten 待つ＋ Zimmer 部屋　　　　＝ Wartezimmer 待合室

　　werben 宣伝する ＋ Material 材料　　＝ Werbematerial 宣伝材料

• (e)n の挿入

　あいだに接合音 n が入ります。

　　Sonne 太陽＋ Untergang 沈むこと　　＝ Sonnenuntergang 日没

　　Gruppe グループ＋ Reise 旅行　　　　＝ Gruppenreise グループ旅行

　あいだに接合音 en が入ります。

　　Student 学生＋ Job アルバイト　　　＝ Studentenjob 学生アルバイト

　　Frau 女性 ＋ Organisation 団体　　　＝ Frauenorganisation 女性団体

　形の上では 2 つの単語の間に en が入っています。ただし複数形 Studenten, Frauen が変化せずに複合したとも説明できます。

• er の挿入

　あいだに接合音 er が入ります。

　　freundlich 親切な＋ Weise やり方　　＝ freundlicherweise ご親切にも

　　Kind 子供＋ Programm 番組　　　　＝ Kinderprogramm 子供番組

形の上ではあいだに er が入っています。ただし複数形 Kinder が変化せずに複合したとも説明できます。

✦ 練習問題 ••

1. 以下の二つの単語から複合名詞を作ってください。

	単語 1	単語 2	複合名詞
(1)	die Wohnung 住宅	die Tür ドア	
	das Haus 家		
(2)	die Meinung 意見	die Freiheit 自由	
	die Barriere バリア		
(3)	bauen 建設する	das Material 材料	
	die Information 情報		
(4)	das Öl（石）油	die Krise 危機	
	die Identität アイデンティティ		
(5)	das Eigentum 所有物	das Recht 権利	
	die Wahl 選挙		

【解答】

1. (1) die Wohnungstür アパートのドア／ die Haustür 家（屋）のドア
　　(2) die Meinungsfreiheit 言論の自由／ die Barrierefreiheit バリアフリー
　　(3) das Baumaterial 建材／ das Informationsmaterial インフォメーション・パンフレット
　　(4) die Ölkrise 石油危機／ die Identitätskrise アイデンティティクライシス
　　(5) das Eigentumsrecht 所有権／ das Wahlrecht 選挙権

••

IV 語家族 Wortfamilie

　以上、単語と単語、単語と接辞が組み合わさる「合成」の仕方を説明してきました。おわりに、こうしてできている単語を「分解」する見方を紹介したいと思います。

　基本動詞「sehen 見る」からは、例えば以下のような単語が派生します。

sehen → 複数単語が結びつく　fernsehen テレビを見る
　　　　　　　　　　　　　　 wiedersehen 再会する　 Sehkraft 視力

　　→ 前後に　　　→ 接頭辞がつく　einsehen 察知する
　　　音節がつく　　　　　　　　　 absehen 見てとる
　　　　　　　　→ 接尾辞がつく　absehbar 見込みのある
　　　　　　　　　　　　　　　　 sehenswürdig 一見の価値のある

　さらに、この動詞 sehen に関わる名詞として、多少見た目が違いますが「Sicht 見えること、視界」があります。そしてこの名詞からも新たな単語が派生します。

Sicht → 複数単語が結びつく　Sichtweise 見方　Sichtlinie 視界線

　　→ 前後に　　→ 接頭辞がつく　Absicht 意図 → absichtlich 意図的に
　　　音節がつく → 接尾辞がつく　sichtbar 可視の → unsichtbar 不可視の
　　　　　　　　→ 組合せ　offensichtlich 明らかに

　上に挙げた単語はすべて「見る」を基本にしています。こうした単語のグループを「Wortfamilie 語家族」と言います。単語ひとつひとつを単独で覚えるよりも、その家族を一緒に考える方が、記憶にとどめやすくなります。
　さらに一見知らないように思える単語でも、そのどこかに「sehen」「Sicht」という部分があれば、それは何か見ることに関する単語なのです。新しい単語に出会って、「この単語は知らない」と思ったら、立ち止まって、どのような部分から成り立っているか考えてみてください。その小部分のどこかを知っているので

はないでしょうか。例えば上記の「unsichtbar」という単語を知らなかったとします。しかしじっとよく見てみると、最初の un は否定を表す接頭辞で、最後の bar は可能を意味する接尾辞です。そうすると真ん中部分の Sicht が可能ではない、という意味だろうと想像できます。そして Sicht は sehen の家族であることを思い出すと、単語 unsichtbar は「見ること」が不可能なことを意味する形容詞なのだろうと推測できます。ドイツ語文章を理解するに際して、これだけ想像できれば充分です。辞書を引くには及びません。

　このようにドイツ語単語は小単位から成り立っているので、初級を終えた学習者にはまったく未知の単語は少ないのです。少し練習を重ねれば、個々の小部分がどのような意味の語家族に所属するか見当がつくようになります。

✦ 練習問題 ••

1.「gehen」の語家族を、枠内から 3 語選んでください。

> gehören　　ausgehen　　Untergang　　Untergrund　　Geheimnis　　Gehweg

　　＿＿＿＿＿＿＿　　　　＿＿＿＿＿＿＿　　　　＿＿＿＿＿＿＿

2.「sehen」の語家族を、枠内から 3 語選んでください。

> aussehen　　sehnen　　sehnlich　　absichtlich　　Einsicht　　Sehnsucht

　　＿＿＿＿＿＿＿　　　　＿＿＿＿＿＿＿　　　　＿＿＿＿＿＿＿

【解答】

1. ausgehen 出ていく、Untergang 没落、Gehweg 歩行者道路

2. aussehen 〜に見える、absichtlich 意図して、Einsicht 見識、分別

••

V 練習問題

■ 接頭辞・練習問題 （解答：110 ページ）

1. 下枠内の語に vor または nach をつけて新たな単語を派生させ、文を完成してください。複数回使う語もあります。

> Bild　Frage　Mittag　Name　Teil　geben　lesen　stellen

(1)　Was ist ihr _____?
　　　その女性の姓はなんと言いますか。

(2)　Herr Müller hat uns ein Buch _____.
　　　ミュラーさんが私たちに本を朗読してくれた。

(3)　Heute _____ fahren wir nach Berlin.
　　　私たちは今日の午後ベルリンへ行く。

(4)　Die Lehrerin war für ihre Schüler ein _____.
　　　その教師は生徒たちの手本だった。

(5)　Diese Lösung hat mehrere _____.
　　　この解決法には多くの欠点がある。

(6)　Der Reporter will der Drohung nicht _____.
　　　レポーターは脅しに屈するつもりはない。

(7)　Zunächst möchte ich mich _____.
　　　最初に自己紹介をしたいと思います。

(8)　Die _____ nach neuen Arzneimitteln ist groß.
　　　新しい医薬品への需要が多い。

(9)　Diese Methode hat viele _____.
　　　この方法には多くの利点がある。

2. 括弧の中に適切な接頭辞（aus / ein）を入れてください。

(1)　Die letzen Mammuts sind etwa vor 4000 Jahren _____gestorben.
　　　最後のマンモスは約 4000 年前に絶滅した。

(2) Beim _____kaufen achten meine Freundinnen immer darauf, woher die Waren kommen.

　私の友人たちは買い物の際に、商品がどこから来ているかに注意を払っている。

(3) Mein Mann wollte eine Flasche Rotwein kaufen. Aber seine Lieblingssorte ist _____verkauft.

　私の夫は赤ワインを買いたかったのだが、お気に入りの銘柄は売り切れだった。

(4) Diabetiker müssen ihre Medikamente jeden Tag _____nehmen.

　糖尿病のひとは薬を毎日服用しなければならない。

3. 括弧の中に適切な接頭辞（an / ab / zu / aus）を入れてください。

(1) Meine Katze hat in letzter Zeit _____genommen. Sie frisst zu viel.

　私の猫は最近太った。食べすぎだ。

(2) Wollen wir einen Sehtest machen? Könnten Sie Ihre Brille _____nehmen?

　視力テストをしましょう。メガネをはずしていただけますか。

(3) Die Europäische Union hat Entwicklungshilfe _____gesagt.

　欧州連合は開発支援を承諾した。

(4) Herr Sato hat seine Teilnahme am Sommerkurs _____gesagt.

　佐藤さんは夏期講習参加をキャンセルした。

(5) Für die nächste Woche ist Regen _____gesagt.

　来週は雨が降ると予報されている。

(6) Wir müssen andere Methoden _____probieren.

　我々は他の方法を試しにやってみるべきだ。

(7) Die beliebte Schauspielerin ist gestern am Münchner Flughafen _____gekommen.

　その人気女優は昨日ミュンヘン空港に到着した。

4. 以下の動詞に接頭辞がつくとどう変わりますか。派生語とその意味を記入してください。

接頭辞＋動詞		派生する動詞	派生語の意味
(1)	ver	schreiben 書く		
	vor			

(2)	ver	schlagen 打つ		
	vor			
(3)	ver	tragen 運ぶ		
	vor			

5. 以下の語には ver と vor どちらがつきますか。派生語と意味を記入してください。

中心の単語	ver +	vor +
(1) Stand	....	....
(2) Lust	....	....
(3) Bild	....	....
(4) ordnen	....	....

6. 適切な動詞はどちらですか。選んで文を完成してください。

(1) salzen – versalzen

Die Butter ist ....

このバターは有塩である。

Die Suppe ist ....

このスープは塩の入れすぎだ。

(2) brennen – verbrennen

Durch eine Brandstiftung ist das Haus ....

放火によって家屋は全焼した。

Das Haus hat stundenlang ....

その家屋は何時間も燃えた。

(3) laufen – verlaufen

Entschuldigung, dass ich zu spät komme. Ich habe mich ....

遅れてごめんなさい。道に迷ってしまいました。

Viele Bürger .... um den See herum.

多くの市民たちがその湖の周りを走っている。

(4) wechseln – verwechseln

Die Stadtbewohner .... manchmal ihre Wohnort.

都市住民はしばしば住む場所を変える。

Die Japaner werden oft mit den Chinesen _____ .

日本人はしばしば中国人と間違えられる。

(5) passen – verpassen

Ich habe den Zug _____ .

私は汽車に乗りそこなった。

Wann würde dir _____ ?

あなたは何時が都合がよいですか。

7. 枠内の形容詞を接頭辞 ver によって動詞化し、文を完成してください。

> einfach　besser　öffentlich　scharf　stark　teuer

(1) Die Aufgabe ist zu schwer. Könnte sie _____ werden?

問題は難しすぎます。もう少し簡単になりませんか。

(2) Kostspielige Verpackung _____ oft die Waren.

高価な包装のために商品の値段が上がることが多い。

(3) Sie haben nur die Hälfte ihrer Fehler _____ .

彼らは誤りの半分しか改善していない。

(4) Alle Parteien bemühten sich, die politische Lage nicht weiter zu _____ .

すべての政党は事態を先鋭化させないよう努力した。

(5) Der Widerspruch _____ nur seine Wut.

その反論は彼の怒りを増幅させるだけだ。

(6) Ist der Abschlussbericht schon _____ ?

最終報告書はもう公表されていますか。

8. 文意にあう接頭辞（ver / vor / zer）を記入してください。

(1) schlagen: Durch dieses Ereignis haben sich unsere Hoffnungen _____schlagen.

この出来事により我々の希望が打ち砕かれた。

Ein Boot wurde an die Küste _____schlagen.

一艘のボートが海岸に流れ着いた。

(2) kochen:　Ich habe die Kartoffeln _____ gekocht.

　　　　　　私はジャガイモを下ゆでした。

　　　　　　Die Kartoffeln sind _____ kocht.

　　　　　　このジャガイモは煮すぎだ。

(3) sorgen:　Der Unternehmer _____ sorgt mit Ökostrom.

　　　　　　その企業はグリーン電力を供給している。

　　　　　　Man muss fürs Alter _____ sorgen.

　　　　　　我々は老後の備えをしなければならない。

9. 文意にあう動詞を選び、適切な形にして記入してください。

(1) öffnen – eröffnen

　　Der Supermarkt in der Nähe ist von 7 bis 23 Uhr _____ .

　　近くのスーパーは 7 時から 23 時まで開いている。

　　Ein Supermarkt wurde in der Nähe _____ .

　　近くに新しいスーパーがオープンした。

(2) klären – erklären

　　Wir müssen _____ , was die Ursache für den Unfall war.

　　我々は事故の原因を明らかにしないといけない。

　　Wir müssen _____ , warum wir den Unfall nicht verhindern konnten.

　　我々は事故がなぜ防げなかったのか説明しないといけない。

(3) kennen – erkennen

　　Die Dörfler _____ Ingrid schon lange Jahre.

　　村人たちはイングリットをもう何年も知っている。

　　Nach langen Jahren hat die Frau ihren Mann nicht _____ .

　　長い年月の後、彼女は自分の夫だとわからなかった。

(4) leben – erleben

　　Während der weimarer Republik _____ die Künstlerinnen und Künstler eine neue Freiheit.

　　ワイマール共和国時代、芸術家達は新たな自由を体験していた。

　　Die Architekten _____ in einer Zeit des kulturellen Wandels.

　　建築家たちは文化変容の時代に生きていた。

10. 文意にあう接頭辞 er のついた動詞を入れ、文を完成してください。

(1) Das Komitee hat für neues Lehrmaterial mit Erfolg gearbeitet.

委員会は新しい教材を作成することに成功を収めた。

→ Neues Lehrmaterial wurde _____ .

(2) Die Bürger haben für die Demokratie hart gekämpft und Erfolg gehabt.

市民たちは民主主義のために果敢に戦い、勝ち取った。

→ Die Bürger haben die Demokratie _____ .

(3) Niemand kann richtig raten, was ich denke.

私が何を考えているのかは、誰も言い当てられない。

→ Was ich denke, kann niemand _____ .

(4) Man hat nach den Produktionszahlen gefragt, aber erfolglos.

彼らは生産数を尋ねたものの駄目だった。

→ Die Produktionszahlen könnten nicht _____ werden.

11. 以下の名詞を「取り去る」という意味の動詞にし、日本語の意味を書いてください。

(1) Gleis 線路　　_____　　_____

(2) Farbe 色　　_____　　_____

(3) Wasser 水　　_____　　_____

(4) Haar 毛、髪　　_____　　_____

(5) Spannung 緊張　　_____　　_____

12. 以下の単語に変化を意味する接頭辞をつけるとどのような単語ができるでしょうか。派生語と、その意味を書いてください。

	接頭辞＋動詞		派生する単語	日本語の意味
(1)	ver	fahren 走行する		
	er			
(2)	ver	lassen させる		
	ent			

(3)	zer	schlagen 打つ		
	er			
(4)	ver	stehen 立つ		
	ent			

13. 適切な接頭辞（ver / zer / er）を入れて、文を完成してください。

(1) Wir können mit diesem Arbeitsbuch unseren Wortschatz _____weitern.
    我々はこの練習問題集でボキャブラリーを増やすことができる。

(2) Der Roman wurde schon mehrmals _____filmt.
    この小説は何回も映画化された。

(3) Eine Fremdsprache ist nicht leicht zu _____lernen.
    外国語を習得するのは容易ではない。

(4) Ein Passagier wurde _____schossen.
    通行人が撃ち殺された。

(5) Fahrradfahren _____lernt man nicht, wenn man es einmal _____lernt hat.
    自転車は一度乗れるようになったら忘れないものだ。

(6) Bei der Sprengung sind die Fensterscheiben _____brochen.
    爆発の際に窓ガラスが粉々に割れた。

(7) Der Stadtkern wurde bei der Bombardierung vollständig _____stört.
    都市中心部は爆撃によって完全に破壊された。

14. 以下の文を接頭辞 be のつかない動詞で書き換えてください。

(1) Wie beurteilen Sie selbst das?
    あなた自身はそれをどう判断するのですか。

    → --

(2) Ich beantwortete seine Frage.
    私は彼の質問に答えた。

    → --

(3) Könnten Sie die Theaterkarten besorgen?
    劇場のチケットを手配していただけますか。

    → --

(4)　Bezweifeln Sie meine Worte?

　　　あなたは私の言っていることを疑っているのですか。

　　　→ --

15. 以下の文を接頭辞 be のつく動詞で書き換えてください。

(1)　Die Firma liefert fast nur an Kunden im Ausland.

　　　その会社はほとんど外国の顧客のみに納品している。

　　　→ --

(2)　Könnten Sie mir raten?

　　　私に助言をしてくれませんか。

　　　→ --

(3)　Der Arbeitslose will über seine Lebenssituation nicht klagen.

　　　その失業者は自分の状況に不平を言うつもりはない。

　　　→ --

(4)　Die Zuschauer jubelten über den Sieg ihres Fußballvereins.

　　　観客は自分たちのサッカー・チームの勝利に歓声を上げた。

　　　→ --

16. 以下の動詞にはどの接頭辞がつきますか。つくことのできる接頭辞の欄に派生する動詞を記入し、日本語の意味も書いてください。

	元の動詞	ent	miss	ver	zer
例	brauchen		missbrauchen	verbrauchen	
	用いる		悪用する	消費する	
(1)	fallen				
	落ちる				
(2)	geben				
	与える				
(3)	handeln				
	行動する				

(4)	lassen				
	させる				
(5)	nehmen				
	とる				
(6)	sagen				
	言う				
(7)	teilen				
	分ける				

17. 空欄に変化を意味する接頭辞を入れて文を完成してください。

(1) Das alte Ehepaar muss noch meine alte Möbel _____sorgen.

老夫婦はこれからまだ古い家具を処分しなければならない。

(2) Die Butter wird in der Pfanne _____lassen.

まずバターをフライパンで溶かします。

(3) An die Opfer der Katastrophe wurden Lebensmittel und Kleidung _____teilt.

災害の被害者に食料品と衣料が配られた。

(4) Die Patientin wurde vorzeitig aus dem Krankenhaus _____lassen.

その患者は早めに退院した。

(5) Die Polizei hat mehrere Augenzeugen _____nommen.

警察は複数の目撃者の聞き取りをおこなった。

(6) Weil die Bremsen des Autos _____sagt haben, kam es zu dem Unfall.

自動車のブレーキが作動しなかったために、この事故は起こった。

(7) Neue moderne Autos _____brauchen weniger Benzin als alte.

新しいモデルの自動車は、旧タイプよりもガソリン消費が少ない。

18. 文意にあう接頭辞を記入してください。

(1) Ihr Reisepass läuft nächstes Jahr _____.

あなたのパスポートは来年有効期限切れになります。

(2) Die Milch ist _____gelaufen.

ミルクが吹きこぼれてしまった。

(3) Das Lebensmittel mit _____gelaufener Mindesthaltbarkeit muss _____sorgt werden.

賞味期限の切れた食料品は廃棄しないといけない。

(4) Gegen den Bürgermeister wurde der Vorwurf laut, sein Amt zu _____brauchen.

市長に対して、地位を濫用しているという非難が高まった。

(5) Mein Vater _____sorgt Getränke für die Party.

パーティーの飲み物は、父が調達します。

(6) Der Regen ist in Schnee _____gegangen.

雨が雪に変わった。

19. 以下の動詞を文意にあうように形を変えて記入してください。

(1) lernen

Die Kinder, die gelobt werden, _____ besser.

子供は、褒められると学習力が向上する。

Die Alleinerziehende hat in der Berufsschule das Tischlerhandwerk _____.

そのシングルマザーは職業学校で指物師の技能を身につけた。

Ich habe bedauerlicherweise mein Englisch _____.

私は残念なことに英語を忘れてしまった。

(2) geben

Sie werden nie die Hoffnung _____.

彼らは決して希望を捨てないだろう。

Für einen neuen Computer hat mein Kollege viel Geld _____.

同僚は新しいパソコンを買うのに多額を支出した。

Die Frau hat _____, dass sie darüber nichts wisse.

女性はそのことについてはなにも知らないと述べた。

(3) fordern

Frau Bartels hat eine Broschüre der Pauschalreisen _____.

バーテルズさんはパッケージツアーのパンフレットを送ってもらいたいと頼んだ。

Herr Lehmann _____ die Rückerstattung der Anzahlung.

レーマンさんは予約金を払い戻してもらいたいと要求した。

Frau Tanaka fühlt sich manchmal ＿＿＿＿＿＿＿.

田中さんは時々、過大な要求をされていると感じる。

(4) wundern

Ich habe mich ＿＿＿＿＿＿, dass Du ohne Anmeldung gekommen bist.

あなたが申込なしに来たことに、私はびっくりした。

Ich ＿＿＿＿＿＿, dass Du pünktlich gekommen bist.

あなたが時間通りに来たことに、私は感心している。

Ich bin ＿＿＿＿＿＿, dass Du dich nicht gemeldet hast.

あなたが連絡してこなかったのを、私は変だと思った。

20. 文意にあうように、動詞 halten につく接頭辞を選んで記入してください。

> ab　an　auf　aus　durch　ein　ent　er
> fest　unter　ver　zurück　zusammen

(1) Wenn die Europäische Union ihre Idee erreichen will, müssen ihre Mitglieds-
länder ＿＿＿＿halten.

欧州連合が自らの理念を実現化しようとするならば、加盟国は団結しなければな
らない。

(2) Meine Kollegin wollte einen neuen Computer kaufen, aber der Preis hielt sie
davon ＿＿＿＿.

同僚は新しいパソコンを買いたいと思ったのだが、価格で二の足を踏んでしまった。

(3) Die Hitze in diesem Sommers war kaum ＿＿＿＿zuhalten.

この夏の暑さは耐え難かった。

(4) Viele Deutsche denken, dass die Japaner ＿＿＿＿haltend und höflich seien.

日本人は控え目で礼儀正しいと、多くのドイツ人は思っている。

(5) Bei der Konferenz hat der italienische Gast mit vielen Wissenschaftlern
＿＿＿＿halten.

カンファレンスで、イタリア人のゲストは多くの研究者とおしゃべりをした。

(6) Die Ausländer, die sich länger als 90 Tage in Deutschland ＿＿＿＿halten
möchten, brauchen eine Aufenthaltsgenehmigung.

ドイツに 90 日以上滞在したい外国人は滞在許可が必要だ。

(7) Vielen Dank für Ihren Brief, den ich gestern ....halten habe.

お手紙ありがとうございます。昨日拝受いたしました。

(8) Alle Arbeitnehmer müssen die Sicherheitsvorschriften ....halten.

すべての従業員は安全の規則を遵守しなければならない。

(9) Der Mann hat an seiner alten Überzeugung ....gehalten und wollte keine Ausnahme zulassen.

その男は自分の昔からの信念にこだわり、例外を認めようとしなかった。

(10) Der fremde Mann ....hielt sich seltsam.

その見知らぬ男は奇妙な行動をとった。

(11) Grüntee ....hält viel Vitamin C.

緑茶にはビタミンCが多く含まれている。

(12) ....haltender Regen führte zu Überschwemmungen an vielen Orten.

長く続いた雨によって、各地で洪水が起こった。

(13) Wir müssen noch für eine Weile ....halten.

我々はもうしばらく我慢しないといけない。

1. 以下の名詞を文意にあうように枠内の接尾辞をつけて形容詞化し、文を完成してください。複数回使うものもあります。

> -voll -reich -los -sam -haft -lich -iell -ös

(1) Spur 跡：Die 18-jährige ist _____ verschwunden.
その 18 歳の女性は何の痕跡も残さず消えてしまった。

(2) Information 情報：Der Artikel ist sehr _____.
その記事からは得ることが多い。

(3) Liebe 愛：Die Hexe kümmerte sich um das Mädchen _____.
魔女はその女の子を心をこめて世話をした。

(4) Erfolg 成果：Unsere Besprechung war sehr _____.
我々の会合は成功だった。

(5) Heil 癒し：Diese Kräuter haben _____ Wirkung.
これらの薬草には治療効果がある。

(6) Industrie 工業：Das Land zielt auf schnelles _____ Wachstum.
その国は速やかな工業発展を目指している。

(7) Fehler 欠陥：Da einige Produkte _____ waren, entschloss sich die Firma zu einen Warenrückruf.
製品のいくつかに欠陥があったため、会社はリコールを決めた。

(8) Nerv 神経：Wegen des Vorstellungsgespräch bin ich heute _____.
面接があるので今日は不安で落ち着かない。

(9) Kosten 費用：Unser neues Produkt spart Ihnen _____ Zeit.
当社の新製品は貴重な時間の節約になります。

(10) Freund 友：Der Wolf sprach das Rotkäppchen _____ an.
オオカミは赤ずきんちゃんに親し気に話しかけた。

2. 以下の動詞・名詞を形容詞に変える接尾辞として適切なのはどれですか。当てはまる箇所に○をつけてください。

元の語	-lich	-ig	-isch	-bar	-los
例 fahren		○		○	
(1) schlafen					
(2) fragen					
(3) bemerken					
(4) Ende					
(5) Zeit					
(6) Kost					
(7) Wunder					
(8) Kind					
(9) Herr					

3. 以下の名詞と動詞を枠内の接尾辞で形容詞化し、文を完成してください。

> -sam -bar -haft -lich -ig -isch

(1) Arbeit 労働： Sind die Japaner wirklich ein ＿＿＿＿＿＿ Volk?
日本人は本当に勤勉な国民だろうか。

(2) Punkt 点： Die Mitarbeiter kommen immer ＿＿＿＿＿＿.
従業員たちはいつも時間通りにやってくる。

(3) tragen 携帯する： Das neue Gerät ist leicht und ＿＿＿＿＿＿.
新しい機器は軽く、持ち運びが可能だ。

(4) waschen 洗う： Dieser Pullover ist ＿＿＿＿＿＿.
このセーターは家で洗濯できる。

(5) Fehler 誤り： Dieser Bericht ist sehr ＿＿＿＿＿＿.
この報告書には誤りがきわめて多い。

(6) erholen 休養する： Die Familie hatte ein ＿＿＿＿＿＿ Wochenende.
一家はゆったりとした週末をすごした。

(7) Symbol 象徴： Die Nationalflaggen haben ＿＿＿＿＿＿ Bedeutung.
国旗には象徴としての意味がある。

(8) Mut 勇気： Eine _____ Frau hat das Kind gerettet.

一人の勇気ある女性がその子供を救った。

(9) Friede 平和： Wir müssen eine _____ Lösung finden.

我々は平和的解決を見出さなければならない。

4. 文意にあった形容詞を選び、文を完成してください。

(1) neblig – nebelhaft

Ich habe nur eine _____ Erinnerung an den Unfall.

その事故に関しては、ぼんやりとした記憶しかない。

Das Flugzeug konnte nicht landen, weil es so _____ war.

霧がかかっていたため飛行機は着陸できなかった。

(2) schmerzlich – schmerzhaft

Die Wunde ist noch sehr _____.

傷はまだ痛みが残っている。

Der Abschied war sehr _____.

別れはとても辛かった。

(3) lebendig – lebhaft

Nach dem Vortrag gab es eine _____ Diskussion.

講演の後、活発な議論が行われた。

Der Dokumentarfilm gab eine _____ Beschreibung des letzten Jahrhunderts.

そのドキュメンタリー映画は前世紀を生き生きと描いた。

(4) schrecklich – schreckhaft

Die Journalistin berichtete über eine _____ Naturkatastrophe.

そのジャーナリストは恐ろしい自然災害について報告した。

Der Hund ist sehr _____.

その犬はとても怖がりだ。

(5) schädlich – schadhaft

Wir müssen die _____ Stelle des Daches reparieren.

我々は屋根の破損個所を修理しなければならない。

Rauchen ist _____ für die Gesundheit.

喫煙は健康に有害である。

5. 文意にあった形容詞を選び、文を完成してください。

(1) kindlich – kindisch

In dem Roman ist eine _____ Fantasie dargestellt.

小説には幼子らしいファンタジーが描かれている。

Das ist eine _____ Idee.

それは子供じみた考えだ。

(2) künstlich – künstlerisch

Der Schnee auf der Piste ist _____.

滑走路の雪は人工のものだ。

Der _____ Ausdruck der Eiskunstläuferin wurde sehr hoch geschätzt.

フィギュアスケート選手の芸術表現が高く評価された。

(3) heimlich – heimisch

Sie haben _____ geplant, den Politiker zu ermorden.

彼らはその政治家を殺害しようと密かに計画を練っていた。

Der Heimathistoriker hat über _____ Gebräuche gesprochen.

その郷土史家は地元の風習について講演した。

(4) herrlich – herrisch

Ich mag seine _____ Art nicht.

私は彼の偉そうなやり方が好きではない。

Ich war von der _____ Landschaft begeistert.

私は素晴らしい風景に感動した。

6. 文意にあった形容詞を選び、文を完成してください。

(1) geschäftlich – geschäftig

Es besteht eine _____ Beziehung zwischen den beiden Firmen.

両社の間にはビジネス関係がある。

Vor dem Bahnhof gibt es eine _____ Einkaufsstraße.

駅前にはにぎやかな商店街がある。

(2) zeitlich – zeitig

Die Reise durch alle geplanten Orte war _____ nicht möglich.

計画していたすべての場所を旅することは時間的に不可能だった。

Bitte kommen Sie am nächsten Sonntag _____!

来週の日曜日には時間に余裕をもって（早めに）来てください。

(3) farblich – farbig

Die Gardine gefällt mir _____ nicht.

そのカーテンは色の点で気に入らない。

Sie können den Text sowohl schwarz-weiß, als auch _____ ausdrucken.

テキストは、白黒だけでなくカラーでも印刷できます。

(4) tätlich – tätig

Die Soldaten wurden gegen die Dorfbewohner _____ .

兵士たちは村民たちに対して暴力的になった。

Die Frau war lange Jahre als Journalistin _____ .

その女性は長年ジャーナリストとして働いていた。

7. 文意にあった形容詞を選び、文を完成してください。

(1) wunderlich – wunderbar

Das Gospelkonzert war _____ .

ゴスペルコンサートは素晴らしかった。

Der letzte Akkord klang etwas _____ .

最後の和音はすこし奇妙な響きだった。

(2) löslich – lösbar

Die Tabletten sind leicht _____ in Wasser.

錠剤は水に溶けやすい。

Das Problem ist kaum _____ .

この問題は、到底解決できない。

(3) köstlich – kostbar

Durch den großflächigen Waldbrand ist _____ Natur verloren gegangen.

大規模な山火事のために、貴重な自然が失われた。

Frau Mori kochte japanisches Essen. Es war einfach _____ .

森さんが日本料理を作ってくれた。とてもおいしかった。

(4) förmlich – formbar

Der neue Kunststoff ist sehr gut _____ .

新しいプラスチックは可塑性に富んでいる。

Die Kanzlerin hat eine _____ Einladung bekommen.

首相は正式な招待状を受け取った。

(5) sichtlich – sichtbar

Die Küste ist noch nicht _____.

海岸はまだ見えない。

Die Gesichtsflecken sind _____ kleiner geworden.

顔のシミは目に見えて小さくなった。

8 文意にあった形容詞を選び、文を完成してください。

(1) gräulich – grausam

Das Europäische Parlament lehnt die Todesstrafe als _____ und unmenschlich ab.

欧州評議会は死刑を残酷で非人間的だとして否認している。

Das Tuch ist etwas _____.

布はすこし灰色がかっている。

(2) spärlich – sparsam

Nach dieser Rede gab es nur _____ Applaus.

この発言の後、まばらな拍手があっただけだった。

Mit den Naturressourcen müssen die Menschen _____ umgehen.

自然資源を節約しなければならない。

(3) länglich – langsam

Er hatte ein _____ Paket unter dem Arm.

彼は細長い小包を脇に抱えていた。

Wenn man zu _____ fährt, bildet sich rasch eine Autoschlange.

あまりゆっくり走行すると、すぐに渋滞になる。

(4) wirklich – wirksam

Ist dieses Medikament immer noch _____?

この薬はまだ効果があるのか。

Braucht man dieses Medikament _____?

この薬は本当に必要なのだろうか。

(5) empfindlich – empfindsam

Die Dichterin ist sehr zartfühlend und _____ .

その詩人はとても繊細で感受性が強い。

Die Aktienmärkte reagieren _____ auf die politische Lage.

株式市場は政治情勢に敏感に反応する。

9. 文意にあった形容詞を選び、文を完成してください。

(1) material – materiell

Die _____ Struktur des Kunststücks war beeintruckend.

その芸術作品は素材のアーキテクチャーが印象的だった。

Für die Musikerin waren _____ Dinge im Alltag nicht so wichtig.

その音楽家にとって、日常の物質的なものはそれほど重要ではなかった。

(2) ideal – ideell

Das elterliche Haus hatte für die Kinder einen _____ Wert.

両親の家は子供たちにとっては精神的（非物質的）な価値があった。

Das elterliche Haus befand sich in _____ Lage unweit vom See.

両親の家は湖からほど遠からぬ理想的な場所にあった。

(3) original – originell

Dieses Dokument ist eine Übersetzung vom _____ deutschen Text.

この文書は元のドイツ語テキストからの翻訳である。

Ihre Idee ist _____ .

彼女の着想は独創的だ。

(4) rational - rationell

Dieses Model wurde entwickelt, um fossile Brennstoffe effizient und _____ zu nutzen.

この機種は化石燃料を効率よく使用するために開発された。

Um das Problem zu lösen, muss man logisch und _____ denken.

この問題を解決するには論理的かつ理性的に考えなければならない。

(5) formal – formell

Bei der Antragstellung hatte er _____ Schwierigkeiten.

申請の際、彼は手続き上の問題があった。

Sie benimmt sich immer sehr _____ mir gegenüber.

彼女は私に儀礼的態度をとる。

10. 以下の語に接尾辞をつけて文意に合うように副詞化してください。

(1) Wetter 天気：

Unser Wanderung war schon anstrengend. Aber _____ war es optimal.

　我々のハイキングは結構ハードだったが、天気という点では申し分なかった。

(2) Sicherheit 安全：

Ich dachte, dass es bei der Tagung Mittagessen gibt. Ich brachte aber _____ etwas zum Essen mit.

　会議では昼食が出るとは思ったが、念のために食べるものを持参した。

(3) Verhältnis 割合・関連：

Frischwaren in diesem Supermarkt sind _____ billig.

　そのスーパーの生鮮食料品は比較的安い。

(4) dumm 愚かな：

Ich habe die Verabredung _____ völlig vergessen.

　愚かなことに、私は約束をすっかり忘れてしまっていた。

(5) gewiss 確かな・ある種の：

Sein Vorschlag ist kein realisierbarer Plan; er ist _____ ein Produkt seiner Phantasie.

　彼の提案は実現可能な計画とは言えない、ある意味彼の想像の産物だ。

(6) Höflichkeit 礼儀：

Ehrlich gesagt, hatte ich keine große Lust. _____ bin ich zur Party gegangen.

　正直言って乗り気ではなかったが、失礼になると思いパーティーに出かけた。

11. 以下の形容詞の基本になっている名詞は何ですか。またこの形容詞に接尾辞をつけるとどのような名詞が派生しますか。基本名詞、派生名詞と意味も記入してください。

(1) menschlich　　_____　　_____

(2) endlich　　　　_____　　_____

(3) achtsam　　　　_____　　_____

12. 以下の動詞を、文意に合うように名詞化してください。

(1) bewegen: Bewegen – Bewegung

Durch das _____ der Maus kann man die Anzeige des Displays optimieren.

マウスを動かすことによって、ディスプレイ表示を最適化できる。

Körperliche _____ ist für die Gesundheit wichtig.

運動は健康のために重要だ。

(2) verhalten: Verhalten – Verhältnis

Ihr _____ kam mir sehr unhöflich vor.

あなたの振舞いは私にはとても不作法に思えます。

Das wirtschaftliche _____ zwischen den beiden Staaten ist momentan angespannt.

両国の経済関係は、目下緊迫している。

(3) wachsen: Wachsen – Wachstum

Sonne und Wasser sind gut für das _____ von positiven Gefühlen.

太陽と水はプラスの感情を高めるのに役立つ。

Die Politik zielt darauf ab, wirtschaftliches _____ zu fördern.

その政策は経済成長を促そうとするものだ。

(4) verstehen: Verstehen – Verständnis

Das _____ ist wohl der erste Schritt für das Akzeptieren.

理解すること、それが受容の第一歩だろう。

Vielen Dank für Ihr _____ !

ご理解いただき、ありがとうございます。

(5) besorgen: Besorgen – Besorgnis

Ersatzteile stehen nicht zur Verfügung, weil das _____ umständlich ist.

調達するのが大変なので、交換部品は手に入らない。

Die _____ um den Klimawandel wächst letzter Zeit immer weiter.

気候変動への懸念が最近高まっている。

(6) gefangen: Gefangene – Gefängnis

Der Mann musste im _____ bleiben.

その男は牢獄にいなければならなかった。

Hier werden die _____ schlecht behandelt.

囚人はここでひどい扱いを受けている。

13. 以下の動詞を、文意に合うように名詞化してください。

(1) spenden: Spende – Spender

Für den Wiederaufbau der verbrannten Kirche wurden viele ＿＿＿＿＿＿＿＿
gesammelt.

焼失した教会の再建のために多額の寄付が集まった。

Ein anonymer ＿＿＿＿＿＿ unterstützte das Projekt.

ある匿名の寄付者がこのプロジェクトを支援した。

(2) pflegen: Pflege – Pfleger

Die ＿＿＿＿＿＿ der alten Eltern ist in unserer alternden Gesellschaft ein großes Thema.

高齢の両親の介護は、高齢化社会において大きなテーマだ。

Die ＿＿＿＿＿＿ des Heims sind sehr nett und freundlich.

その施設の介護士たちはみな親切で感じが良い。

(3) beraten: Beratung – Berater

Kennen Sie eine ＿＿＿＿＿ oder einen ＿＿＿＿＿ für die Steuererklärung?

あなたは確定申告のための相談員を知りませんか。

Ich brauche eine professionelle ＿＿＿＿＿＿ .

専門家のアドバイスを受けたいのですが。

(4) rechnen: Rechnung – Rechner

Ich habe die ＿＿＿＿＿＿ vom per Internet bestellten Gerät bekommen.

ネットで注文した機器の請求書が届いた。

Ich fahre nun meinen ＿＿＿＿＿＿ herunter.

さあ、パソコンをシャットダウンしよう。

(5) ausbilden: Ausbildung – Ausbilder

Um in der IT-Branche eine Stelle zu finden, braucht man eine ＿＿＿＿＿＿ .

IT 業界でポストを見つけるには、職業教育を受ける必要がある。

Um die Zahl der Facharbeiter in der IT-Branche zu erhöhen, sind mehr ＿＿＿＿＿＿ erforderlich.

IT 業界における技能労働者の数を増やすためには、まず技能教育をする教師を増やす必要がある。

(6) reinigen: Reiniger – Reinigung

Auf dem Regal des Supermarkts stehen verschiedene ＿＿＿＿＿＿ .

スーパーの棚には様々な洗剤が並んでいる。

Bei der _____ dieses Pullovers muss man vorsichtig sein.

このセーターのクリーニングには注意しないといけない。

14. 以下の文意にあった名詞を選んでください。

(1) Wissen – Wissenschaft

Der Alchemist sammelte viel _____.

その錬金術師は多くの知識を集めた。

_____ versucht, nicht nur möglichst viel zu wissen, sondern auch zu analysieren.

学問は多くの知識を集めるだけでなく、それを分析することを目指す。

(2) Land – Landschaft

Die junge Frau kommt aus dem _____, wo die Natur gut erhalten ist.

その若い女性は自然がよく保存されている国からやって来た。

Bei der Wanderung kann man die schöne _____ genießen.

ハイキングの際には美しい景色を楽しむことができる。

(3) Meister – Meisterschaft

Die nationale _____ fand gestern im Koshien-Stadion statt.

昨日甲子園球場で全国選手権大会があった。

Übung macht den _____.

習うより慣れよ（直訳：練習が親方にする）。

(4) Mann – Mannschaft

Der _____ lebt auf der Straße.

その男は路上で生活している。

Die _____ wohnt in einem Luxushotel.

チームは高級ホテルに泊まっている。

(5) Kind – Kindheit

Der Pianist hat seine _____ meistens in der Großstadt verbracht.

ピアニストは子供時代の大半を大都市で過ごした。

Er war ein schüchternes und braves _____.

彼ははにかみ屋でおとなしい子供だった。

15. 以下の単語の前後に接頭辞（be / ver）と動詞語尾をつけて動詞を派生させ、その意味を記入してください。

(1) alt   -----------------------------   -----------------------------

(2) Antrag   -----------------------------   -----------------------------

(3) dünn   -----------------------------   -----------------------------

(4) Film   -----------------------------   -----------------------------

(5) frei   -----------------------------   -----------------------------

(6) Lohn   -----------------------------   -----------------------------

16. 以下の名詞を接頭辞と動詞語尾をつけて動詞化し、文を完成してください。

(1) Teil 部分：

Viele Bürgerinnen und Bürger haben sich an der Rettungsaktion -------------- .
多くの市民たちが救助活動に参加した。

(2) Schein 輝き・見かけ・証明書：

Hiermit ------------------ ich, das Entschädigungsgeld erhalten zu haben.
ここに私は正に補償金を受け取ったことを証明します。

(3) Gunst 愛顧・優遇：

Die Bewerber*innen mit Computerkenntnissen werden ------------------ .
コンピューターのスキルをお持ちの応募者が優先されます。

(4) Leid 辛い気持ち：

Damit fühlte der Mann sich ------------------ .
それでその男は侮辱された気持ちになった。

(5) Seite 側面：

Es gelang den beiden, die letzten Missverständnisse zu ------------------ .
二人は最後の誤解を取り除くことに成功した。

(6) Recht 権利：

Dieser Ausweis ------------------ zum kostenlosen Eintritt in das Museum.
この証明書は博物館への無料入場の資格（権利）を付与するものです。

17. 以下の外来動詞・形容詞を名詞化して文を完成しててください。

(1) zitieren: Das ist ein ＿＿＿＿＿＿ aus dem Werk des bekannter Philosophen.
これは有名な哲学者の著作からの引用だ。

(2) referieren: Eine Studentin hat ein gutes ＿＿＿＿＿＿ gehalten.
ある学生がよい報告をした。

(3) diskutieren: Im Parlament gab es eine heftige ＿＿＿＿＿＿ .
議会では激しい討論がなされた。

(4) kreativ: In der Schule muss die ＿＿＿＿＿＿ der Kinder gefördert werden.
学校では子供の創造性が育まれるべきだ。

(5) human: Das ist die Frage unserer ＿＿＿＿＿＿ .
それは我々の人間性の問題だ。

(6) symbolisch: Man kann in diesem Bild die ＿＿＿＿＿＿ des Christentums erkennen.
この絵からキリスト教の象徴性が見て取れる。

18. 以下の外来名詞を形容詞に変えてください。

(1) Produkt: Ich bin dankbar für Ihre ＿＿＿＿＿＿ Kritik.
私はあなたの建設的な批判に感謝している。

(2) Religion: Ist das islamische Kopftuch eine ＿＿＿＿＿＿ Aussage oder das Zeichen der Frauenunterdrückung?
イスラム教のベールは信仰の証なのだろうか、それとも女性抑圧の印だろうか。

(3) Effekt: Diese Technik wurde für die ＿＿＿＿＿＿ Nutzung der Energie entwickelt.
この技術は、エネルギーの有効利用のために開発された。

(4) Kommerz: Dieses Projekt zielt auf den ＿＿＿＿＿＿ Profit.
この企画は商業利益を目指している。

(5) Finanz: Die medizinische Forschung wurde von der Regierung ＿＿＿＿＿＿ unterstützt.
その医学研究は政府から財政支援を受けた。

(6) Mysterium: Die Sache ist nicht so ＿＿＿＿＿＿ , sondern leicht zu verstehen.
そのことはさほど不可思議ではない、容易に理解できる。

19. 文意に合うように、外来名詞を入れて文を完成してください。

(1) Demokratie – Demokraten

Die _____ lehnten die neue Gesetzgebung ab.

民主党員たちは新しい法律を制定することに反対した。

Sie glauben, dass dieses Gesetz die _____ untergraben kann.

彼らはこの法律が民主主義を切り崩す可能性があると考えている。

(2) Tourismus – Tourist

Dank der Entwicklung des _____ wurden viele Hotels gebaut.

観光の発展により多くのホテルが建設された。

Jedes Jahr besuchen zahlreiche _____ Japan.

毎年多くの観光客が日本を訪れる。

(3) Information - Informatik

In den 1960er Jahren mussten immer mehr _____ verarbeitet werden.

1960年代に処理しなければならない情報量が増加した。

_____ hat sich als eine neue akademische Disziplin entwickelt.

情報学が新しい学問分野として発展していった。

20. 以下の単語に接尾辞をつけ、関与する人物（男女とも）を表す名詞を記入してください。

> -(l)er   -or   -ling   -eur   -ist   -ent/ant

(1) Sport _____ (2) Redaktion _____

(3) Piano _____ (4) Musik _____

(5) Direktion _____ (6) lehren _____

(7) informieren _____ (8) flüchten _____

21. 接尾辞によって品詞は次々に変化します。派生語またはその意味を記入してください。

名詞 1	→ 形容詞	→ 名詞 2
(1) Tat 行為	→ _____活動的な	→ Tätigkeit _____
(2) Sicht 視界	→ sichtbar _____	→ _____目に見えること

(3) Gewalt 暴力　　→　.............. 暴力的な　　→　Gewaltsamkeit ....

(4) Punkt 点　　　→　pünktlich ....　　→　..............時間に正確なこと

(5) Religion 宗教　→　religiös ....　　→　.............. 宗教心、信心

動詞	→ 形容詞	→ 名詞

(6) danken 感謝する　→　.............. 有難い　　→　.............. 感謝の念

(7) verantworten 結果を引き受ける　→　verantwortlich ....　→　.............. 責任

(8) bewegen 動く　　　→　.............. 動かせる　→　Beweglichkeit ....

(9) schweigen 沈黙する　→　schweigsam ....　→　.............. 寡黙

(10) wirken 作用する　　→　.............. 効果のある　→　Wirksamkeit ....

名詞 1	→ 名詞 2	→ 形容詞

(11) Leiden 悩み　　→　.............. 情熱　　→　leidenschaftlich ....

(12) Kind 子供　　　→　.............. 子供時代　　→　.............. 子供時代の

(13) Tour ツアー　　→　Tourist ....　　→　.............. 観光の

(14) Irre 思い違い　→　.............. 思い違い　　→　irrtümlich ....

(15) Land 土地　　→　Landschaft ....　　→　.............. 風景の

22. 以下の語は出だしが似ていますが、異なる接尾辞がつき、異なる単語になります。適切な接尾辞をつけて名詞を完成させ、意味を記入してください。

> -keit　-heit　-ung

(1) Offen-　..........................　Öffn-　..........................

　　Öffentlich-　..........................

(2) Reinig-　..........................　Rein-　..........................

(3) Krank-　..........................　Kränk-　..........................

(4) Verständlich-..........................　Verständig-　..........................

(5) Schön-　..........................　Schon-　..........................

23. 以下の語は一見似ていますが、異なる接尾辞がつき、異なる意味の単語になります。適切な接尾辞をつけて名詞を完成させ、意味を記入してください。

```
-schaft   -nis   -ung   -tum
```

(1) Gefäng- .... Gefangen- ....

(2) Bekannt- .... Bekennt- ....

(3) Hinder- .... Behinder- ....

(4) Eigen- .... Eign- ....

(5) Besitz- .... Besatz- ....

(6) Erkennt- .... Erkenn- ....

■ 複合語・練習問題　　　　　　　　（解答：113 ページ）

1. 以下の名詞を枠内の形容詞と組み合わせて、複合形容詞を作ってください。

> artig ～のような　　mäßig ～に即した

(1)	Öl 油	------------------	油状の
(2)	Plan 計画	------------------	計画どおりの
(3)	Schlag 打撃	------------------	突然の、不意の
(4)	Zweck 目的	------------------	目的にみあった
(5)	Regel 規則	------------------	規則的な
(6)	Unwetter 悪天候	------------------	嵐のような

2. 以下の名詞を枠内の形容詞と組み合わせて、複合形容詞を作ってください。

> fähig 能力のある　　tüchtig 有能な　　freudig 楽しげな　　bereit 準備できている

(1)	Arbeit 労働	------------------	就労可能な
(2)	Diskussion 討論	------------------	討論好きな
(3)	Geschäft 商店、事業	------------------	商才ある、辣腕の
(4)	Kompromis 妥協	------------------	妥協する気のある
(5)	Kooperation 協力	------------------	協力姿勢のある
(6)	Zahlung 支払い	------------------	支払い能力のある

3. 以下の名詞を枠内の形容詞と組み合わせて、複合形容詞を作ってください。

> kritisch 批判的な　　feindlich 敵対的な　　widrig 疎ましい

(1)	Mensch(en) 人間	------------------	非人間的な
(2)	Regime 体制	------------------	体制批判的な
(3)	Vertrag 契約	------------------	契約に反する
(4)	Leben 生命	------------------	生存に適さない
(5)	Gesetz 法律	------------------	違法の
(6)	Regierung 政府	------------------	政府に批判的な

4. 以下の動詞と枠内の形容詞を組み合わせて、複合形容詞を作ってください。

> wert 価値がある　würdig 価値がある

(1) erstreben 努力する　　　------------------　やってみる価値のある

(2) lieben 愛する　　　　　　------------------　愛すべき

(3) fragen 問う　　　　　　　------------------　疑わしい

(4) bemerken 注目する、気づく　------------------　注目に値する

(5) merken 注意を払う、気づく　------------------　奇妙な

(6) empfehlen 推薦する　　　------------------　推奨できる

5. 以下の名詞を複合形容詞に変え、文を完成してください。

(1) Wetter 天気 → 天候変化に対応する

Frau Hermann sucht eine _____ Jacke.

　　ヘルマンさんは全天候型のジャケットを探している。

(2) Leistung 成績 → 成績の良くない

Beim Unterricht soll man _____ Schüler berücksichtigen.

　　授業では成績の良くない生徒に配慮が必要だ。

(3) Finanz 財政 → 財政状態の良い

IT ist heute eine _____ Branche.

　　IT は今日財政状態のよい業界である。

(4) Bildung 学校教育 → 学校教育への関心が乏しい

Wir unterstützen die Kinder aus den _____ Familien.

　　我々は学校教育に関心のない家庭の子供たちをサポートしています。

(5) Alter 年齢、高齢 → 高齢者の要望に沿う

Die Stadt startete das neue Projekt für _____ Wohnen.

　　市は高齢者向け住宅の新しいプロジェクトを立ち上げた。

6. 以下の形容詞を枠内の語を用いて強調の複合形容詞に変え、文を完成してください。

> Blitz 稲妻　Grund 底　heil 無傷の　hoch 高い
> Riese 巨人　Stock 株　tief 深い　Tod 死

(1) interessant: Das neue Projekt ist _____ .

　新しいプロジェクトはきわめて興味深い。

(2) froh: Ich bin _____ , endlich die Prüfung bestanden zu haben.

　やっと試験に合格して、すごくうれしい。

(3) langweilig: Die Vorlesungen des Professors waren immer _____ .

　その教授の授業は死ぬほど退屈だった。

(4) traurig: Von der unerwarteten Nachricht war der Mann schockiert und

　_____ .

　　予期せぬ知らせに、その男はショックをうけ、とても悲しんだ。

(5) dunkel: Draußen ist es _____ . Kein Mensch läuft auf der Straße.

　屋外は真っ暗闇で、誰も歩いていない。

(6) falsch: Die Entscheidung ist meiner Meinung _____ .

　私の考えによれば、その決定はとんでもない誤りだ。

(7) schnell: Die Frau hat auf den böswilligen Vorwurf _____ reagiert.

　その女性は悪意のある非難に、即座に応じた。

(8) groß: Auf dem Marktplatz steht eine _____ Statue des Machthabers.

　町の広場には権力者の巨大な銅像が立っている。

7. 左右の枠内の語を組み合わせて、日本語に合う複合動詞を作ってください。

Eis 氷	Not 緊急		enden 終える	gehen 行く
Staub 埃	schief 斜めの		landen 着陸する	liegen 横たわる
fest 硬く	nahe 近く		laufen 走行する	nehmen とる
frei 自由に	voll 完全に		saugen 吸う	sprechen 話す

(1) 掃除機をかける　　　_____

(2) スケートをする　　　_____

(3) 緊急着陸をする　　　_____

(4) うまくいかない　　　_____

(5) 逮捕する　　　　　　_____

(6) 無罪判決を下す　　　_____

(7) すぐに思い浮かぶ　　_____

(8) 完遂する　　　　　　_____

8. 以下の副詞と基本動詞から、複合動詞を作り意味を記入してください。それぞれ結びつかないものがひとつあります。

(1) klein

    reden   - - - - - - - - - - - - - - - - - - -   machen   - - - - - - - - - - - - - - - - - - -

    kriegen   - - - - - - - - - - - - - - - - - - -   haben   - - - - - - - - - - - - - - - - - - -

(2) groß

    schreiben   - - - - - - - - - - - - - - - - - - -   ziehen   - - - - - - - - - - - - - - - - - - -

    stellen   - - - - - - - - - - - - - - - - - - -   machen   - - - - - - - - - - - - - - - - - - -

(3) fern

    sehen   - - - - - - - - - - - - - - - - - - -   halten   - - - - - - - - - - - - - - - - - - -

    bleiben   - - - - - - - - - - - - - - - - - - -   machen   - - - - - - - - - - - - - - - - - - -

(4) nahe

    geben   - - - - - - - - - - - - - - - - - - -   bringen   - - - - - - - - - - - - - - - - - - -

    legen   - - - - - - - - - - - - - - - - - - -   liegen   - - - - - - - - - - - - - - - - - - -

(5) hoch

    ziehen   - - - - - - - - - - - - - - - - - - -   fliegen   - - - - - - - - - - - - - - - - - - -

    geben   - - - - - - - - - - - - - - - - - - -   kommen   - - - - - - - - - - - - - - - - - - -

(6) nieder

    (sich) lassen   - - - - - - - - - - - - - - - - - - -   sprechen   - - - - - - - - - - - - - - - - - - -

    schlagen   - - - - - - - - - - - - - - - - - - -   legen   - - - - - - - - - - - - - - - - - - -

9. 以下の形容詞と名詞が、複合する場合としない場合の意味を記入してください。

(1) groß 大 ＋ Unternehmer 企業家 Großunternehmer - - - - - - - - - - - - - - - - - - -

                                                                         große Unternehmer - - - - - - - - - - - - - - - - - - -

(2) klein 小 ＋ Kind 子供 Kleinkind - - - - - - - - - - - - - - - - - - -

                                                                         kleines Kind - - - - - - - - - - - - - - - - - - -

(3) leicht 軽 ＋ Sinn 感覚 Leichtsinn - - - - - - - - - - - - - - - - - - -

              ＋ Tasche 鞄 leichte Tasche - - - - - - - - - - - - - - - - - - -

(4) schwer 重 ＋ Mut 気分 Schwermut - - - - - - - - - - - - - - - - - - -

              ＋ Koffer トランク schwere Koffer - - - - - - - - - - - - - - - - - - -

(5) hoch 高 ＋ Schule 学校 Hochschule - - - - - - - - - - - - - - - - - - -

              ＋ Gebäude 建物 hohe Gebäude - - - - - - - - - - - - - - - - - - -

(6)　tief 低　　＋ Kühlschrank 冷蔵庫　Tiefkühlschrank　　------------------------

　　　　　　　　＋ Tal 谷　　　　　　tiefes Tal　　　　　　------------------------

10. 以下の形容詞と名詞が接合すると、どのような複合名詞ができますか。

(1)　rund 円形の　　　　　＋ Fahrt 走行　　------------------------

　　　　　　　　　　　　＋ Funk 無線　　------------------------

(2)　roh 生の　　　　　　＋ Fisch 魚　　------------------------

　　　　　　　　　　　　＋ Material 材料　　------------------------

(3)　falsch 誤りの　　　　＋ Geld お金　　------------------------

　　　　　　　　　　　　＋ Meldung 報告　　------------------------

(4)　bunt 色とりどりの　＋ Stift 鉛筆　　------------------------

　　　　　　　　　　　　＋ Wäsche 洗濯物　　------------------------

(5)　klar 明らかな　　　　＋ Text 文章　　------------------------

　　　　　　　　　　　　＋ Glas ガラス　　------------------------

(6)　schnell 速い　　　　＋ Zug 汽車　　------------------------

　　　　　　　　　　　　＋ Kurs コース　　------------------------

11. 以下の 2 語を結びつけて、複合名詞を作ってください。

(1)　Telefon 電話　　　　Rechnung 請求書　　------------------------

(2)　Bus バス　　　　　　Verbindung 結合　　------------------------

(3)　Wasser 水　　　　　Leitung 導くこと　　------------------------

(4)　Haus 家　　　　　　Arbeit 仕事　　------------------------

(5)　Klima 気候　　　　　Anlage 装置　　------------------------

12. 以下の 2 語を結びつけて、複合名詞を作ってください。

(1)　Anzug 背広・紳士服　schlafen 眠る　　------------------------

(2)　Wasser 水　　　　　trinken 飲む　　------------------------

(3)　Platz 場所　　　　　sitzen 座る　　------------------------

(4)　Zeug もの　　　　　spielen 遊ぶ　　------------------------

(5)　Gewohnheit 習慣　　essen 食べる　　------------------------

13. 以下の 2 語を結びつけて、複合名詞を作ってください。

(1) Saal 広間   speisen 食事をする   ------------------------

(2) Brille メガネ   lesen 読む   ------------------------

(3) Wendung   reden 語る   ------------------------

(4) Sessel 肘掛け椅子   liegen 横たわる   ------------------------

(5) Zimmer 部屋   warten 待つ   ------------------------

14. 以下の 2 語を結びつけて、複合名詞を作ってください。

(1) Wort 言葉   Buch 本   ------------------------

(2) Kind 子供   Programm 番組   ------------------------

(3) Mann 男   Chor 合唱団   ------------------------

(4) Frau 女   Organisation 組織   ------------------------

(5) Buch 本   Regal 棚   ------------------------

15. 以下の 2 語を結びつけて、複合名詞を作ってください。

(1) Versuch 実験   Beginn 開始   ------------------------

(2) Verkehr 交通   Ampel 信号   ------------------------

(3) Gericht 裁判   Protokoll 記録   ------------------------

(4) Land 州   Museum 博物館   ------------------------

(5) Amt 任務   Sprache 言葉   ------------------------

(6) Schönheit 美   Operation 手術   ------------------------

(7) Besprechung 会議   Raum 部屋   ------------------------

(8) Gesellschaft 社会   Ordnung 秩序   ------------------------

(9) Autorität 権威   Verlust 喪失   ------------------------

(10) Organisation 組織   Form 形   ------------------------

16. 以下の 2 語を結びつけて、複合名詞を作ってください。

(1) Wolle 羊毛   Industrie 産業   ------------------------

(2) Ende 終わり   Darm 腸   ------------------------

(3) Erde 地（球）   Geschoss フロア   ------------------------

(4) Decke 覆い   Name 名前   ------------------------

(5) Schule 学校   Weg 道   ------------------------

17. 以下の2語を結びつけて、複合名詞を作ってください。

(1) Sonne 太陽   Brille メガネ   ------------------------

(2) Straße 通り   Aktion 活動   ------------------------

(3) Seide 絹   Pullover セーター   ------------------------

(4) Reihe 列   Folge 続き   ------------------------

(5) Tasche ポケット   Tuch 布   ------------------------

18. 枠内の単語は「Haus 家」とどのように複合しますか。

> Abgeordnete   backen   baden   Ecke   Handel
> Kaffee   kaufen   Oper   Rat   Schule   Vorrat

(1) 変化しない   ------------------------   ------------------------

(2) 動詞語幹のみ   ------------------------   ------------------------

(3) 動詞語幹 + e   ------------------------

(4) 語尾 e が脱落する   ------------------------   ------------------------

(5) 複数形になる / (e)n が入る   ------------------------   ------------------------

(6) (e)s が入る   ------------------------   ------------------------

19. 枠内の単語は「Wagen 車」とどのように複合しますか。

> Verkauf   Fahrschule   Firma   Gut   Kind   Küche
> Last   kühlen   liegen   leihen   Rettung   speisen   Post

(1) 変化しない   ------------------------   ------------------------

(2) 動詞語幹のみ   ------------------------   ------------------------

(3) 動詞語幹 + e   ------------------------   ------------------------

(4) 語尾 e が脱落する   ------------------------

(5) 複数形になる / er が入る   ------------------------   ------------------------

(6) 複数形になる / (e)n が入る   ------------------------   ------------------------

(7) (e)s が入る   ------------------------   ------------------------

20. 同じ名詞の複合でも順序が違うと意味が変わります。定冠詞をつけて 2 通り
の複合語を作り、意味を記入してください。

例　das Fleisch ＋ die Suppe

　　die Fleischsuppe ブイヨン、コンソメ　　das Suppenfleisch スープ用の肉

(1)　das Spiel ＋ die Karte

　　----------------------------------　　----------------------------------

(2)　das Haus ＋ der Wirt

　　----------------------------------　　----------------------------------

(3)　der Ring ＋ der Finger

　　----------------------------------　　----------------------------------

(4)　das Gebiet ＋ die Grenze

　　----------------------------------　　----------------------------------

(5)　das Geld ＋ die Tasche

　　----------------------------------　　----------------------------------

(6)　das Geld ＋ der Wechsel

　　----------------------------------　　----------------------------------

(7)　das Jahr ＋ der Wechsel

　　----------------------------------　　----------------------------------

(8)　die Blume ＋ der Topf

　　----------------------------------　　----------------------------------

21. 複合語になることにより、どのように意味が変化しますか。

(1)　Schein　　＋ Sonne 太陽　　　　　----------------------------

　　　　　　　＋ Führer＊運転者　　　----------------------------

　　　　　　　＋ Geld お金　　　　　　----------------------------

(2)　Spiegel　　＋ Kosmetik 化粧　　　----------------------------

　　　　　　　＋ Wasser 水　　　　　　----------------------------

　　　　　　　＋ Alkohol アルコール　----------------------------

(3)　Spiel　　　＋ Kind 子供　　　　　----------------------------

　　　　　　　＋ Schau 見せること　　----------------------------

　　　　　　　＋ Glück 幸運　　　　　----------------------------

(4) Haus   + hoch 高い   ----------------------

                    + krank 病気の   ----------------------

                    + Adel 貴族   ----------------------

    * 運転手は通常 Fahrer です。Führer は、行政用語で「Fahrzeug（乗り物）を führen（運転）する人」の意になります。

22. 以下の名詞を総称する複合名詞を、枠内の単語と「Mittel 手段」「Stück もの」「Zeug 道具」を組み合わせて作り、意味を記入してください。

> fahren   Geld   Genuss   Leben   Musik   Schmuck   Verkehr   Werk

(1) バス、地下鉄   ------------------------   ------------------

(2) 50 円玉、100 円玉   ------------------------   ------------------

(3) 自動車、トラック   ------------------------   ------------------

(4) 金槌、釘抜き   ------------------------   ------------------

(5) 「トルコ行進曲」、「野ばら」 ------------------------   ------------------

(6) チョコレート、アイスクリーム ------------------------   ------------------

(7) きゅうり、牛乳   ------------------------   ------------------

(8) 指輪、ピアス   ------------------------   ------------------

23. 以下を意味する複合語を、枠内の単語を組み合わせて作ってください。複数回使うものもあります。

> Daten   Gesetz   Lebensmittel   Natur   Organisation
> Schutz   sozial   Stoff   Versicherung   Wesen   Zusatz

(1) 自然保護団体   ----------------------------------

(2) 食品添加物   ----------------------------------

(3) 社会保障制度   ----------------------------------

(4) 個人情報保護法   ----------------------------------

■ 語家族・練習問題 （解答：116 ページ）

1. 枠内の単語を二つの語家族に分けてください

(1) 「danken 感謝する」と「denken 考える」

> bedenken　　bedanken　　Dankeswort　　denkbar
> Gedächtnis　　Gedanke　　dankenswert　　dankbar

danken ....　........................　........................　........................

denken ....　........................　........................　........................

(2) 「schießen 射る」と「schließen 閉める」

> Zuschuss　　erschießen　　schließlich　　Abschluss
> Schusswaffe　　Schlussfolgerung　　abschießen　　ausschließen

schießen ....　........................　........................　........................

schließen ....　........................　........................　........................

2. 動詞「leben 生きる」の語家族となる単語を記入してください。

(1) 日常生活：他名詞との複合名詞　　........................

(2) 生き延びる：接頭辞がつく派生動詞　　........................

(3) 経歴：他名詞との複合名詞　　........................

(4) 生き生きとした：接尾辞による形容詞　　........................

(5) 生存に適さない：複合形容詞　　........................

(6) 食料品：他名詞との複合名詞　　........................

3. 名詞「Liebe 愛」の語家族となる単語を記入してください。

(1) 愛する：動詞形　　........................

(2) 恋している：接頭辞のついた形容詞　　........................

(3) 人気のある：接頭辞のついた形容詞　　........................

(4) 好み：接頭辞のつく派生名詞　　........................

(5) 愛するに値する：複合形容詞　　........................

(6) 心のこもった：複合形容詞　　........................

4. 形容詞「alt 古い」の語家族となる単語を記入してください。

(1) 年齢：名詞化   ----------------------

(2) 歳をとる・古くなる：動詞化   ----------------------

(3) 流行遅れの：名詞との複合形容詞   ----------------------

(4) 古代：接尾辞がついた名詞   ----------------------

(5) 平均年齢：他名詞との複合名詞   ----------------------

(6) 太古の、非常に高齢の：複合形容詞   ----------------------

5.「書く（schreiben・Schrift）」の単語家族となる語を記入してください。

(1) 書き留める：接頭辞による派生動詞   ----------------------

(2) 描写する：接頭辞による派生動詞   ----------------------

(3) 筆不精な：形容詞のつく複合形容詞   ----------------------

(4) 勉強机：他名詞との複合名詞   ----------------------

(5) ボールペン：他名詞との複合名詞   ----------------------

(6) 書面による：接尾辞による形容詞   ----------------------

(7) 署名：接頭辞のつく複合名詞   ----------------------

(8) 書体、フォント：他名詞との複合名詞   ----------------------

(9) 表示する：接頭辞 be がついた動詞化   ----------------------

(10) 住所：接頭辞のついた名詞   ----------------------

練習問題・解答

■ 接頭辞・解答

1. (1) Nachname (2) vorgelesen (3) Nachmittag (4) Vorbild (5) Nachteile
(6) nachgeben (7) vorstellen (8) Nachfrage (9) Vorteile

2. (1) aus (2) Ein (3) aus (4) ein

3. (1) zu (2) ab (3) zu (4) ab (5) an (6) aus (7) an

4. (1) verschreiben 処方する／vorschreiben 指示する、手本として書く
(2) verschlagen（板・釘などを打ち付けて）塞ぐ／vorschlagen 提案する
(3) vertragen（体質的に）受けつける／vortragen 演技・朗読する、講演する

5. (1) Verstand 理性・分別／Vorstand トップ（会長・理事）
(2) Verlust 喪失／×
(3) ×／Vorbild 模範
(4) verordnen 指示する、処方する／vorordnen 暫定的に（とりあえず）整える

6. (1) gesalzen, versalzen (2) verbrannt, gebrannt (3) verlaufen, laufen
(4) wechseln, verwechselt (5) verpasst, passen

7. (1) vereinfacht (2) verteuert (3) verbessert (4) verschärfen (5) verstärkt
(6) veröffentlicht

8. (1) zer, ver (2) vor, ver/zer (3) ver, vor

9. (1) geöffnet, eröffnet (2) klären, erklären (3) kennen, erkannt (4) erlebten, lebten

10. (1) erarbeitet (2) erkämpft (3) erraten (4) erfragt

11. (1) entgleisen 脱線する (2) entfärben 脱色する (3) entwässern 脱（排）水をする
(4) enthaaren 脱毛する (5) entspannen リラックスさせる

12. (1) verfahren（ある方法で）取り行う／erfahren 見聞きする、経験する
(2) verlassen 去る／entlassen 去らせる（解雇する、退院させる）
(3) zerschlagen 打ち壊す／erschlagen 撲殺する
(4) verstehen 理解する／entstehen 成立する

13. (1) er (2) ver (3) er (4) er (5) ver, er (6) zer (7) zer

14. (1) Wie urteilen Sie selbst darüber? (2) Ich antwortete auf seine Frage.
(3) Könnten Sie für die Theaterkarten sorgen? (4) Zweifeln Sie an meinen Worten?

15. (1) Die Firma beliefert fast nur Kunden im Ausland.
(2) Könnten Sie mich beraten?
(3) Der Arbeitslose will seine Lebenssituation nicht beklagen.
(4) Die Zuschauer bejubelten den Sieg ihres Fußballvereins.

16. (1) entfallen 手から落ちる、忘れてしまう／ missfallen（誰かの）気に入らない／ verfallen 衰える、期限切れになる / zerfallen 崩壊する
(2) vergeben 許す
(3) misshandeln 虐待する／ verhandeln 交渉する
(4) entlassen 去らせる（解雇する、退院させる）／ verlassen 去る／ zerlassen（バターなどを）溶かす
(5) entnehmen 取り出す、受け取る／ vernehmen 聞きとる、聴取する
(6) entsagen 断念する／ versagen 役に立たない
(7) verteilen 配る／ zerteilen（小部分に）分割する

17. (1) ent (2) zer (3) ver (4) ent (5) ver (6) ver (7) ver

18. (1) aus (2) über (3) ab, ent (4) miss (5) be (6) über

19. (1) lernen, erlernt, verlernt (2) aufgeben, ausgegeben, angegeben
(3) angefordert, forderte, überfordert (4) gewundert, bewundere, verwundert

20. (1) zusammen (2) ab (3) aus (4) zurück (5) unter (6) auf (7) er (8) ein (9) fest
(10) ver (11) ent (12) An (13) durch

■ 接尾辞・解答

1. (1) spurlos (2) informativ (3) liebevoll (4) erfolgreich (5) heilsame (6) industrielles
(7) fehlerhaft (8) nervös (9) kostbare (10) freundlich

2. (1) -ig (schläfrig), -los (2) -lich, -los (3) -lich, -bar (4) -lich, -los (5) -lich, -ig, -los
(6) -lich (köstlich), -bar (7) -lich, -bar (8) -lich, -isch , -los (9) -lich, -isch, -los

3. (1) arbeitsames (2) pünktlich (3) tragbar (4) waschbar (5) fehlerhaft
(6) erholsames (7) symbolische (8) mutige (9) friedliche

4. (1) nebelhafte, neblig (2) schmerzhaft, schmerzlich (3) lebhafte, lebendige
(4) schreckliche, schreckhaft (5) schadhafte, schädlich

5. (1) kindliche, kindische (2) künstlich, künstlerische (3) heimlich, heimische
(4) herrische, herrlichen

6. (1) geschäftliche, geschäftige (2) zeitlich, zeitig (3) farblich, farbig (4) tätlich, tätig

7. (1) wunderbar, wunderlich (2) löslich, lösbar (3) kostbare, köstlich
(4) formbar, förmliche (5) sichtbar, sichtlich

8. (1) grausam, gräulich (2) spärlichen, sparsam (3) längliches, langsam
(4) wirksam, wirklich (5) empfindsam, empfindlich

9. (1) materiale, materielle (2) ideellen, idealer (3) originalen, originell
(4) rationell, rational (5) formale, formell

10. (1) wettermäßig (2) sicherheitshalber (3) verhältnismäßig (4) dummerweise
(5) gewissermaßen (6) höflichkeitshalber

11. (1) der Mensch 人間、die Menschlichkeit 人間性
(2) das Ende 終わり、die Endlichkeit 有限（性）
(3) der Acht 尊重、die Achtsamkeit 注意深さ、マインドフルネス

12. (1) Bewegen, Bewegung (2) Verhalten, Verhältnis (3) Wachsen, Wachstum
(4) Verstehen, Verständnis (5) Besorgen, Besorgnis (6) Gefängnis, Gefangenen

13. (1) Spenden, Spender (2) Pflege, Pfleger (3) Beraterin, Berater, Beratung
(4) Rechnung, Rechner (5) Ausbildung, Ausbilder (6) Reiniger, Reinigung

14. (1) Wissen, Wissenschaft (2) Land, Landschaft (3) Meisterschaft, Meister
(4) Mann, Mannschaft (5) Kindheit, Kind

15. (1) veralten 古くなる (2) beantragen 申請する (3) verdünnen 薄める
(4) verfilmen 映画化する (5) befreien 解放する (6) belohnen 報いる

16. (1) beteiligt (2) bescheinige (3) begünstigt (4) beleidigt (5) beseitigen (6) berechtigt

17. (1) Zitat (2) Referat (3) Diskussion (4) Kreativität (5) Humanität (6) Symbolik

18. (1) produktive (2) religiöse (3) effektive (4) kommerziellen (5) finanziell
(6) mysteriös

19. (1) Demokraten, Demokratie (2) Tourismus, Touristen (3) Informationen, Informatik

20. (1) Sportler/in (2) Redakteur/in (3) Pianist/in (4) Musiker/in, Musikant/in

(5) Direktor/in (6) Lehrer/in, Lehrling (7) Informant/in (8) Flüchtling

21. (1) tätig, 活動 (2) 可視の、Sichtbarkeit (3) gewaltsam, 暴力的なこと

(4) 時間通りの、Pünktlichkeit (5) 宗教的な、Religiosität

(6) dankbar, Dankbarkeit (7) 責任のある、Verantwortlichkeit (8) beweglich, 可動性

(9) 沈黙がちな、Schweigsamkeit (10) wirksam, 効果

(11) Leidenschaft, 情熱的な (12) Kindheit, kindheitlich (13) 観光客、touristisch

(14) Irrtum, 思い違いの (15) 風景、landschaftlich

22. (1) Offenheit 率直、Öffnung 開口部、Öffentlichkeit 世論

(2) Reinigung 清掃、Reinheit 純粋

(3) Krankheit 病気、Kränkung 気分を害すること、侮辱

(4) Verständlichkeit 分かりやすさ、Verständigung 意思疎通

(5) Schönheit 美、Schonung 養生

23. (1) Gefängnis 牢獄、Gefangenschaft 捕われの状態

(2) Bekanntschaft 知人関係、Bekenntnis 告白

(3) Hindernis 障害物、Behinderung 障害

(4) Eigenschaft 性格、Eignung 適性

(5) Besitztum 資産・所有地、Besatzung 占領

(6) Erkenntnis 認識（して得たこと）、Erkennung 識別、認識

■ 複合語・解答

1. (1) ölartig (2) planmäßig (3) schlagartig (4) zweckmäßig (5) regelmäßig

(6) unwetterartig

2. (1) arbeitsfähig (2) diskussionsfreudig (3) geschäftstüchtig (4) kompromissbereit

(5) kooperationsbereit (6) zahlungsfähig

3. (1) menschenfeindlich (2) regimekritisch (3) vertragswidrig (4) lebensfeindlich

(5) gesetzwidrig (6) regierungskritisch

4. (1) erstrebenswert (2) liebenswürdig / liebenswert (3) fragwürdig (4) bemerkenswert

(5) merkwürdig (6) empfehlenswert

5. (1) wetterfeste (2) leistungsschwache (3) finanzstarke (4) bildungsfernen

(5) altersgerechtes

6. (1) hochinteressant (2) heilfroh (3) todlangweilig (4) tieftraurig (5) stockdunkel

(6) grundfalsch (7) blitzschnell (8) riesengroße

7. (1) staubsaugen (2) eislaufen (3) notlanden (4) schiefgehen (5) festnehmen
(6) freisprechen (7) naheliegen (8) vollenden

8. (1) kleinreden 大した事ではないかのように言う／
kleinmachen お金をくずす、見下す／
kleinkriegen 小さくする、屈服させる／ haben ×
(2) großschreiben 重視する、大文字で書く／ großziehen 育てる／ stellen ×／
großmachen 大きな顔をする、威張る
(3) fernsehen テレビを見る／ fernhalten 遠ざけておく／
fernbleiben 離れたままでいる／ machen ×
(4) geben ×／ nahebringen 近づける、親しませる／ nahelegen 熱心に勧める／
naheliegen すぐに思いつく
(5) hochziehen 引き上げる／ hochfliegen 舞い上がる／ geben ×
hochkommen 立ち上る、浮かび上る
(6) niederlassen (sich) 住みつく、開業する／ sprechen ×／
niederschlagen 打ちのめす／ niederlegen 下に置く、（仕事を）辞める

9. (1) 大企業家／体格の大きな企業家 (2) 幼児（学齢期前の子供）／小さな子供
(3) 軽率／軽い鞄 (4) 陰鬱な気分／重いトランク (5) 大学・高等教育機関／高い建物
(6) 冷凍庫／深い谷間

10.(1) Rundfahrt 周遊、遊覧／ Rundfunk ラジオ放送
(2) Rohfisch 生魚／ Rohmaterial 原（材）料
(3) Falschgeld 贋金／ Falschmeldung 誤報
(4) Buntstift 色鉛筆／ Buntwäsche 色柄物の洗濯物
(5) Klartext 率直で端的な表現／ Klarglas 透明ガラス
(6) Schnellzug 急行列車／ Schnellkurs 短期（集中）コース

11.(1) die Telefonrechnung 電話代請求書 (2) die Busverbindung バスの乗り継ぎ
(3) die Wasserleitung 水道管 (4) die Hausarbeit 家事 (5) die Klimaanlage エアコン

12.(1) der Schlafanzug 寝巻 (2) das Trinkwasser 飲用水 (3) der Sitzplatz 座席
(4) das Spielzeug おもちゃ (5) die Essgewohnheit 食習慣

13.(1) der Speisesaal 食堂 (2) die Lesebrille 読書用メガネ
(3) die Redewendung 言いまわし (4) der Liegesessel リクライニングソファー
(5) das Wartezimmer 待合室

14. (1) das Wörterbuch 辞書 (2) das Kinderprogramm 子供番組
(3) der Männerchor 男声合唱団 (4) die Frauenorganisation 女性団体
(5) das Bücherregal 本棚

15. (1) der Versuchsbeginn 実験開始 (2) die Verkehrsampel 交通信号
(3) das Gerichtsprotokoll 裁判議事録 (4) das Landesmuseum 州立博物館
(5) die Amtssprache 行政用語、法律用語 (6) die Schönheitsoperation 美容整形手術
(7) der Besprechungsraum 会議室 (8) die Gesellschaftsordnung 社会秩序
(9) der Autoritätsverlust 権威喪失 (10) die Organisationsform 組織形態

16. (1) die Wollindustrie 羊毛産業 (2) der Enddarm 直腸 (3) das Erdgeschoss 1 階
(4) der Deckname 仮名、別名 (5) der Schulweg 通学路

17. (1) die Sonnenbrille サングラス (2) die Straßenaktion 街頭キャンペーン
(3) der Seidenpullover 絹のセーター (4) die Reihenfolge 順番、順序
(5) das Taschentuch ティッシュペーパー、ハンカチ

18. (1) Rathaus 市役所、Kaffeehaus 喫茶店
(2) Backhaus パン焼き場、Kaufhaus デパート
(3) Badehaus 浴場
(4) Eckhaus 角の家、Schulhaus 校舎
(5) Abgeordnetenhaus 議会・議事堂、Opernhaus オペラ劇場
(6) Handelshaus 商店、Vorratshaus 貯蔵庫

19. (1) Lastwagen トラック、Postwagen 郵便車
(2) Kühlwagen 保冷車、Leihwagen レンタカー
(3) Liegewagen 寝台車、Speisewagen 食堂車
(4) Fahrschulwagen 自動車教習車
(5) Kinderwagen 乳母車、Güterwagen 貨物車
(6) Küchenwagen キッチンワゴン、Firmenwagen 社用車
(7) Verkaufswagen 移動販売車、Rettungswagen 救急車

20. (1) die Spielkarte トランプ、das Kartenspiel トランプゲーム
(2) der Hauswirt 飲食店・宿屋の主人、das Wirtshaus 飲食店・宿屋
(3) der Ringfinger 薬指、der Fingerring 指輪
(4) die Gebietsgrenze 地域間の境界線、das Grenzgebiet 国境地域
(5) die Geldtasche 財布、das Taschengeld 小遣い
(6) der Geldwechsel 両替、das Wechselgeld 釣銭
(7) der Jahreswechsel 年末年始・年の変わり目、Wechseljahre 更年期

(8) der Blumentopf 植木鉢、die Topfblume 鉢植えの花

21. (1) Sonnenschein 日光、Führerschein 免許証、Geldschein 紙幣

(2) Kosmetikspiegel 化粧鏡、Wasserspiegel 水面・水位、Alkoholspiegel 血中アルコール濃度

(3) Kinderspiel 子供の遊び、Schauspiel 演劇、Glücksspiel 賭け事

(4) Hochhaus 高層建築物、Krankenhaus 病院、Adelshaus 貴族の家柄

22. (1) Verkehrsmittel 交通機関 (2) Geldstück 硬貨 (3) Fahrzeug 車両

(4) Werkzeug 道具 (5) Musikstück 曲 (6) Genussmittel 嗜好品

(7) Lebensmittel 食料品 (8) Schmuckstück 装身具

23. (1) Naturschutzorganisation (2) Lebensmittelzusatzstoff

(3) Sozialversicherungswesen (4) Datenschutzgesetz

■ 語家族・解答

1. (1) danken: bedanken 感謝する、Dankeswort 感謝の辞、dankenswert ありがたい、dankbar ありがたく思う

denken: bedenken 考慮する、denkbar 考えうる、Gedächtnis 記憶、Gedanke 考え

(2) schießen: Zuschuss 補助金、erschießen 射殺する、Schusswaffe 銃器、abschießen 射ち落す

schließen: schließlich 最後・ついに、 Abschluss 終了、 Schlussfolgerung 推論、ausschließen 除外する

2. (1) Alltagsleben (2) überleben (3) Lebenslauf (4) lebendig (5) lebensfeindlich
(6) Lebensmittel

3. (1) lieben (2) verliebt (3) beliebt (4) Vorliebe (5) liebenswert / liebenswürdig
(6) liebevoll

4. (1) Alter (2) altern (3) altmodisch (4) Altertum (5) Durchschnittsalter (6) uralt

5. (1) aufschreiben (2) beschreiben (3) schreibfaul (4) Schreibtisch (5) Kugelschreiber
(6) schriftlich (7) Unterschrift (8) Schriftart (9) beschriften (10) Anschrift

VI 単語リスト

接頭辞

ab

- [ ] abdcckcn 覆いを取る、相殺する *14*
- [ ] *der* Abfall 廃棄物 *14*
- [ ] *die* Abgabe 提出 *14*
- [ ] abgeben 渡す、届ける *12*
- [ ] abgehen 抜け出す *10*
- [ ] abhalten 妨げる *111*
- [ ] ablaufen 流れ出る、（期限が）切れる *111*
- [ ] ablehnen 拒否する *14*
- [ ] abmelden 退会・転出を申し出る *9*
- [ ] abnehmen 取り去る、減少する *10, 12*
- [ ] abrufen 呼び出す *14*
- [ ] absagen 断る、中止する *110*
- [ ] abschalten スイッチを切る *10*
- [ ] abschließen 終了する *10*
- [ ] absehbar 見込みのある *69*
- [ ] absehen 見てとる *69*
- [ ] *die* Absicht 意図、心づもり *14*
- [ ] absprechen 申し合わせる *9*
- [ ] abstehen 離れて立っている *31*
- [ ] abwandern 移住する *10*
- [ ] abwenden （脇へ）そらす *10*

an

- [ ] anfordern 要請する、要求する *111*
- [ ] *die* Angabe 表示 *14*
- [ ] angeben 述べる、表示する *12*
- [ ] angreifen 攻撃する *14*
- [ ] anhalten とどめる、（天候・気分などが）持続する *111*

be

動詞・名詞・形容詞

achten 注意する

arbeiten 働く / *die* Arbeit 仕事

der **Freund** 友人

- ☐ befreunden 友達にする・なる *49*
- ☐ *der* Freund 友人 *42*
- ☐ freundlich 親切な *33*
- ☐ freundlicherweise 親切なことに *33*
- ☐ *die* Freundlichkeit 親切な行為、友好的態度 *33*
- ☐ *die* Freundschaft 友情 *42*
- ☐ gastfreundlich もてなしの良い *55*
- ☐ umweltfreundlich 環境にやさしい *55*

der **Gang** 歩み、通路（☞ gehen）

- ☐ *der* Ausgang 出口 *9*
- ☐ *der* Durchgang 通路 *25*
- ☐ *der* Eingang 入口 *9*
- ☐ *der* Gang 歩み、通路 *9*
- ☐ *der* Übergang 移行、横断 *23*
- ☐ *der* Umgang 対処、取扱い *28*
- ☐ *der* Untergang 没落 *70*

geben 与える

- ☐ abgeben 渡す、届ける *12*
- ☐ angeben 述べる、表示する *12*
- ☐ aufgeben あきらめる *111*
- ☐ ausgeben 支払う、支給する *12*
- ☐ eingeben 投与する *12*
- ☐ geben 与える *11*
- ☐ nachgeben 譲歩する *12*
- ☐ preisgeben （危険などに）さらす、放棄する、漏らす *60*
- ☐ vergeben 許す *111*
- ☐ vorgeben 称する、唱える *11*
- ☐ zufriedengeben 満足するものとして受け入れる *60*
- ☐ zugeben 付け加える、（嫌なことを）認める *12*
- ☐ zurückgeben 返す *60*

das **Kind** 子供

- [ ] *das* Kind 子供 *43*
- [ ] *das* Kinderprogramm 子供番組 *67*
- [ ] *das* Kinderspiel 子供の遊び *116*
- [ ] *der* Kinderwagen 乳母車 *115*
- [ ] *die* Kindheit 子供時代 *93*
- [ ] kindisch 子供じみた *86*
- [ ] *das* Kindlein 幼子 *43*
- [ ] kindlich 子供らしい *86*
- [ ] *das* Kleinkind 幼児 *102*

klein 小さい

- [ ] klein 小さい *15*
- [ ] *das* Kleinkind 幼児 *102*
- [ ] kleinkriegen 小さくする、屈服させる *114*
- [ ] kleinmachen お金をくずす、見下す *59, 60, 114*
- [ ] kleinreden 過小評価する、軽くあしらう *59, 114*
- [ ] *das* Kleinunternehmen 小規模企業 *64*
- [ ] verkleinern 小さくする *15*

krank 病気の

- [ ] erkranken 罹患する *49*
- [ ] krank 病気の *49*
- [ ] *der/die* Kranke 病人 *41*
- [ ] *das* Krankenhaus 病院 *116*
- [ ] krankhaft 病気による、病的な *40*
- [ ] *die* Krankheit 病気 *113*

lang 長い

- [ ] lang 長い *15*
- [ ] länglich 細長い *88, 112*
- [ ] langsam ゆっくり *49, 88, 112*
- [ ] verlängern 延長する *15*
- [ ] verlangsamen 速度をおとす *49*

lassen させる

- [ ] entlassen 去らせる（解雇する、退院させる）*111*
- [ ] lassen させる *79*
- [ ] niederlassen（sich）住みつく、開業する *114*
- [ ] verlassen 去る *110*
- [ ] zerlassen（バターなどを）溶かす *111*

laufen 走る

- [ ] ablaufen 流れ出る、（期限が）切れる *111*
- [ ] auslaufen 流れ出す、（契約などが）切れる *111*
- [ ] eislaufen スケートをする *114*
- [ ] entlaufen 逃げ出す *22*
- [ ] erlaufen（走ることで）賞を得る *18*
- [ ] laufen 走る *18*
- [ ] *der* Lebenslauf 経歴 *116*
- [ ] überlaufen あふれる *111*
- [ ] verlaufen（sich）道に迷う *110*

leben 生きる / *das* **Leben** 生命、生活

- [ ] *das* Alltagsleben 日常生活 *116*
- [ ] beleben 活気づける *25*
- [ ] erleben 体験する *110*
- [ ] leben 生きる *23*
- [ ] *das* Leben 生命、生活 *99*
- [ ] lebendig 生き生きとした *111*
- [ ] lebensfeindlich 生存に適さない *116*
- [ ] *der* Lebenslauf 経歴 *116*
- [ ] *die* Lebensmittel 圈 食料品 *116*
- [ ] lebhaft 活発な *85*
- [ ] überleben 生き延びる *23*

legen 置く

- [ ] lahmlegen 麻痺させる *60*
- [ ] legen 置く *59*

stellen 立てる、立たせる

- [ ] bestellen 注文する *41*
- [ ] *die* Bestellung 注文 *41*
- [ ] bloßstellen さらけ出す *60*
- [ ] fertigstellen 仕上げる、完成させる *60*
- [ ] sicherstellen 確保する *60*
- [ ] stellen 立てる、立たせる *60*
- [ ] vorstellen 紹介する、(sich) 自己紹介する *110*
- [ ] zusammenstellen まとめておく、まとめる *60*

teilen 分ける / *der* **Teil** 部分

- [ ] beteiligen 参加する *112*
- [ ] *der* Nachteil 短所、不利 *8*
- [ ] *der* Teil 部分 *8*
- [ ] teilen 分ける *79*
- [ ] teilnehmen 参加する *59, 60*
- [ ] teilweise 部分的に *37*
- [ ] verteilen 配る *111*
- [ ] *der* Vorteil 長所、利点 *8*
- [ ] zerteilen（小部分に）分割する *111*

tief 深い

- [ ] tief 深い *54*
- [ ] *die* Tiefgarage 地下駐車場 *61, 64*
- [ ] *der* Tiefkühlschrank 冷凍庫 *61, 103*
- [ ] tieftraurig とても悲しい *54*
- [ ] vertiefen 深化させる *22*

tragen 運ぶ、支える

- [ ] *der* Auftrag 委託 *49*
- [ ] beantragen 申請する *112*
- [ ] beauftragen 委託する、委任する *49*
- [ ] nachtragen 付け加える *8*
- [ ] tragbar 携帯用の、持ち運びのできる *111*

ドイツ語の主な接頭辞（本書に出てこないものも含む）

ab- *9, 10*

an- *9*

auf- *11*

aus- (auseinander) *9*

be- *25*

bei-

da-, (dabei, dagegen, daher, daneben
davon, dazu, dazwischen)

dar- (daran, darum)

durch- *25*

ein- *9*

einher-

ent- *20*

er- *18*

fehl- *29*

fern-

fest-

fort-

gegen- (gegenüber)

her- (herab, heran, herauf, heraus,
herum, herunter)

hin- (hinab, hinauf, hinaus, hinein,
hinüber, hinzu)

hinter-

hoch-

los-

miss- *30*

mit-

nach- *8*

neben-

nieder-

über- *22*

um- *23*

un- *28*

unter- *11*

ver- *15*

vor- (voran, vorauf, voraus, vorbei,
vorher) *8*

weg-

weiter-

wider-

wieder-

zer- *17*

zu- (zuvor, zuwieder) *10*

zurecht-

zurück-

zusammen-

zwischen-

森　涼子（もり・りょうこ）
ドイツ近現代史・キリスト教会史専攻。お茶の水女子大学博士課程修了（ドイツ史）、ゲッティンゲン大学にて学位取得（Dr. Phil: ドイツ文化史、教会史）。
1990年渡独、1994–2001年旧マックス・プランク歴史学研究所（ゲッティンゲン）研究助手、ゲッティンゲン大学文学部史学科研究助手。
2002–2021年、日本の諸大学および生涯学習センターにおける非常勤講師。
一般社団法人情報通信医学研究所主任研究員（非常勤）。
デジタル化プロジェクト「Mitteldeutsche Selbstzeugnisse der Zeit des Dreißigjährigen Krieges（三十年戦争期の中部ドイツ民衆証言）」協力研究員。
主要著書：
Begeisterung und Ernüchterung in christlicher Vollkommenheit（De Gruyter、2004年）
Der radikale Pietismus（Vandenhoeck & Ruprecht、2010年、共著）
『敬虔者たちと〈自意識〉の覚醒』（現代書館、2006年）
『グリム童話と森：ドイツ環境意識を育んだ「森は私たちのもの」の伝統』（築地書館、2016年）

造語法で増やすドイツ語ボキャブラリー

2020年8月5日　第1刷印刷
2024年6月5日　第4刷発行

著　者 © 森　　涼　子
発行者　　岩　堀　雅　己
印刷所　　株式会社三秀舎

発行所　101-0052 東京都千代田区神田小川町3の24
電話 03-3291-7811（営業部）、7821（編集部）　株式会社　白水社
www.hakusuisha.co.jp
乱丁・落丁本は送料小社負担にてお取り替えいたします。

振替 00190-5-33228　　　Printed in Japan　　株式会社島崎製本

ISBN978-4-560-08878-4